――――― 社会福祉の新潮流②

〈第四版〉
児童家庭福祉論
――――― 基本と事例

川池智子 編著

学文社

執 筆 者

川池　智子（山梨県立大学）……………………編者　プロローグ・エピローグ
　　　　　　　　　　　　　　　　　　　　　　　　第1章①・第2章
石原　剛志（静岡大学）……………………………第1章②
雨宮由紀枝（日本女子体育大学）…………………第1章③
山下英三郎（日本社会事業大学）…………………第3章
森　　和子（文京学院大学）………………………第4章
小林　英義（東洋大学）……………………………第5章
川名はつ子（早稲田大学）…………………………第6章
流石　智子（華頂短期大学）………………………第7章
山之内輝美（筑紫女学園大学短期大学部）………第8章

学びのオリエンテーション・事例・年表　執筆者

出川聖尚子（熊本学園大学）
堀口美智子（大学非常勤講師）
石原　剛志（静岡大学）
森　　和子（文京学院大学）
永井　　亮（大学非常勤講師）
中山まき子（同志社女子大学）
芹沢　　出（母子生活支援施設施設長・同志社大学非常勤講師）
杉本貴代栄（元金城学院大）
亀田　　尚（福岡YMCA国際ホテル・福祉専門学校）

（執筆担当部分は文中に氏名を付した）

プロローグ——子どもたちの〈居場所〉はどこに消えたのか

　高度経済成長が始まった昭和30年代，子どもたちの周りにはまだ，さまざまな〈居場所〉があった．路地のつきあたり，境内の木陰，駄菓子屋の店先，れんげ畑，誰のものでもなく誰のものでもある場所．一日のおわりを教えてくれるのは，茜色にかわっていく空だったり，影踏みしあう友だちの影の長さであったり．ゆったりと流れるときは，季節ごとの祭も待ち遠しいものにした．花祭り，地蔵盆，どんどん焼き，子どもからおとしよりまで，さまざまな人々のまなざしが織りなすささやかな〈非日常〉があった．
　ところがめったにないはずの〈非日常〉はテレビの登場によって日常化していく．

　おかあさんのおもちゃ　昭和37年　福島県いわき市　小学校3年生　男子
　　おかあさんは，まえから／れいぞうこがほしいといっていた．／七月のすえに，とうとうかった．／そのとき，おかあさんは，／「おかあさんのおもちゃだよ」といってにこにこしていた／おかあさんのおもちゃが／三つになった．／れいぞうこ，せんたくき，ミシンだ．／ぼくのおもちゃは，テレビ．／ゆうせんほうそうは／うるさいから／だれのおもちゃでもない

　どのうちにもテレビがいきわたるとともに，電話やお風呂やお醬油の貸し借りの必要もなくなり，次第に建て替えられていく家々には，頑丈な鍵が備えつけられるようになっていった．井戸から水道へ，かまどからガスへ，日本中の町や村で便利な生活ができるようになったが，それは同時に，それぞれのいえの家計を膨らませていくことでもあった．〈出稼ぎ〉〈三ちゃん農業〉〈かぎっ子〉という言葉がでてきたのもこの頃である．

　でかせぎ　昭和40年　福島県東白河郡　小学校4年　男子
　　おとうさんは／はたらきにいっている／おかあさんは いそがしい／たばこのなわもじりを／朝からばんまでしている／おとうさんから手紙がきた／

ふうとうを見たら／住所は横浜だ／かあちゃんは手紙をよんでくれた／四月十日か三日ごろ／かえるとかいてあった／お金もおくったと／おれはへんじを書いてやった／まんがの本がほしい／弟のたけおも，まんがの本がほしい／いもうとは人形がほしい／かあちゃんは／あんまりはたらいて／手がいたいというが／それは書かなかった

　ここに載せた子どもの詩は，福島県の和菓子屋さんのウインドウ『青い窓』に飾られたものである．昭和33年から続いている『青い窓』は，高度経済成長期から今日までの，子どもたちの心の変化を映すウインドウでもあった．
　小学生の瞳に映る母や父の姿は，時代の流れとともに変化していく．

おかあさん　昭和57年　福島県郡山市　小学校2年　男子

おかあさん／学校にいくとき／「わすれものないの」／うちにかえれば／「べんきょうしなさい」さぼってテレビ見ていると／「しゅくだいおわったの」／はやくしなさい／はやくしなさい／かみなりの声／おかあさん／まほうできえてしまえ／でも／ホットケーキたべたいときはこまるな

　昭和30年代までの「トトロの時代」は，自然や人々の関係が豊かだったとはいえ，ほのぼのとしたものだけではなかった．人々が助け合う暮らしは，世間の目に縛られる生活でもあり，ことに女性の生き方を息苦しいものにした．生まれや育ちへの差別もあからさまにあった．
　けれども，そのころに育った編者は，高度経済成長期から今日の日本のあゆみの中で，子どもの世界から何かが奪われてきたように思える．
　子どもが健やかに育つためにはあってはならないものがふえ，必要だったものが失われてしまったのかもしれない．

　われらは，日本国憲法の精神にしたがい，児童に対する正しい観念を確立し，すべての児童の幸福をはかるために，この憲章を定める．／児童は，人

として尊ばれる．／児童は，社会の一員として重んぜられる．／児童は，よい環境の中で育てられる．（『児童憲章』前文）

　崇高な理念を示した児童憲章にのっとって，高まっていった日本の経済力は，子どもたちの生活環境・教育・福祉を整備してきた．

　しかしながら，昭和50年代後半頃から，子どもたちのおこす校内暴力や家庭内暴力が世間をさわがせ，平成に入った頃から「キレル」子ども，学級崩壊，不登校，非行の低年齢化などがいわれはじめた．そして，近年は，幼児の虐待死，子どもの殺人・自殺など，荒んだ事件がふえていく．家庭を作ることや子どもを産むことを選ばない若い世代の増加による少子化の進行もある．

　豊かさのいきついた先には，命を未来につなぐ，生き生きとした子どもの姿が消えていく社会が待っているのだろうか．

　この本では子どもたちの問題を児童家庭福祉の視点からとらえ，問題を分析するとともに，児童家庭福祉の施策の現状を整理しながら課題を展望している．

　ことに各章の最初においた〈事例〉を通して問題を具体的にとらえることができるように編んでいる．

　「子どもの最善の利益」（『子どもの権利条約』）を保障する社会を作るために児童家庭福祉は今，これから，どう進んでいったらよいのか．そのことを，この本を手にとっていただいた，あなたと共に考えていきたい．

編　者

※ここにのせた詩は，青い窓に飾られた後，青い窓の会『ママ，もっと笑って』光雲社，1987年，青い窓の会『お父さんはとうめい人間』光雲社，1986年に収録されている．

第三版改訂にあたって

　第三版改訂版では，各種の法制度の改正を受けて，第1章～8章の関連する個所を最新の法制度に書きあらためると同時に，各種データ，図表も最新のものにさしかえました．年表にも加筆しました．というのも，このところ，児童家庭福祉関係の法制度や国のプランなどが，頻繁に改正されているからです．最近の改正には，システムの根幹にかかわるものもあります．

　その背景には，少子化とそれにもかかわらず減ることのない保育所待機児童数，制度の改正にもかかわらず増え続ける児童虐待，低年齢化する非行や自殺といった，子どもとその家族の問題情況があります．そこには急激な社会の変化に翻弄される家族と子どもの姿があり，"氷山の一角"のように思われます．

　問題を解決するには，原因を深く探り，"処方箋"をみつけることが必要ですが，近年の法制度の改正の中には，果たして"処方箋"といえるだろうかと，疑問がわくものもあります．この本では，とりたてて批判的に書かない方針をとっていますが，皆さんで，考えていただければと思います．

　ところで，第三版では，エピローグも加筆修正しました．表題にも"ふるさと"という言葉をいれました．それは東日本大震災と福島原発事故に関連します．偶然にも初版当初からプロローグに福島の子どもの詩を掲載していました．

　あれからちょうど2年，命を失った人たちの三回忌にあたります．その中には小学校から避難しきれなかった子ども，親を失った子どももたくさんいます．

　深く，哀悼の意を表します．悲しいことですが，歴史のなかで大災害は子どもの施設創設のきっかけになりました．今回の大災害は，まだ"終わった"と言いきれないさまざまな影響が残っていますが，子どもたちのために，社会のあり方を見直す契機にしたいものです．

2013年3月

編　者

目　　次

プロローグ──子どもたちの〈居場所〉はどこに消えたのか……i

第1章　児童家庭福祉とは何か
―概念，歴史，法制度―……1

　事例　歴史の影に生きた子どもたち……2

❶ 児童家庭福祉とは何か……4
　1　子どもと家族・家庭の概念……4
　2　児童家庭福祉の意義・役割……8

❷ 児童福祉の法と理念の歴史的展開……13
　1　日本における児童福祉の歴史：明治維新期から戦後改革期……13
　2　子どもの権利思想の形成：国際的なあゆみと日本……20

❸ 児童家庭福祉の制度と援助のシステム……25
　1　児童家庭福祉の法体系……25
　2　児童家庭福祉の実施体制……29
　3　児童家庭福祉の費用……34

⇨先行文献……37

★学びのオリエンテーション
　ルソーによる「子どもの発見」が現代に問うもの……38

第2章　少子社会における「子育ち・子育て支援」……41

　事例　保育者として親として―ある保育士の語りから―……42

❶ 少子化と子育ち・子育て困難……44
　1　少子化の動向と視点……44
　2　少子社会における「子育ち・子育て困難」……46

❷ 少子化対策と「子育て支援」……50
　1　エンゼルプランから「子ども・子育てビジョン」まで……50
　2　「子育て支援」の諸施策……52

❸ 「子育ち・子育て支援」の中核としての保育……55
　　1　保育施策のあゆみ……56
　　2　保育サービスのしくみ……59

❹ 少子化と「子育ち・子育て支援」をめぐる課題……63

　⇨先行文献……66

　★学びのオリエンテーション
　　夫婦から親へ―ペアレンティングの支援と教育―……68

第3章　「自立」へ向かう子どもたちへの支援
　　　　―学齢期の子どもと福祉―……71

　事例　教育の重圧……72

❶ 学齢期の子どもたちの現状……74
　　1　学校と子どもたちのズレ……74
　　2　校内暴力・いじめ・不登校……75

❷ 学童保育・児童館・フリースクールなどにおける支援……78

❸ 従来の課題対応策……80

❹ 新たなアプローチ……82
　　1　ネットワーキング手段としてのソーシャルワーク……82
　　2　パートナーとしてのソーシャルワーカー……85

❺ 課題および今後の展望……89

　⇨先行文献……92

　★学びのオリエンテーション　記録を「書く」ことの意義
　　―学童保育指導員の仕事の専門性を高める―……93

第4章　家庭環境への支援を必要とする子どもたち……95

　事例　家出を繰り返す母からネグレクトされた5人きょうだい……96

❶ 要養護児童の実態……98
　　1　養護問題をもつ子どもの実態……98

2　児童虐待の実態と背景……98

❷ 社会的養護のシステム……101
　　1　施設養護……102
　　2　グループホーム……104
　　3　里親制度……105

❸ 近年における社会的養護の改革……106
　　1　グループホームの充実……107
　　2　虐待された子どもの増加への対策……107

❹ 「児童虐待の防止等に関する法律」の動向……108
　　1　「児童虐待防止法」の概要……108
　　2　2004（平成16）年「児童虐待防止法」の改正……109
　　3　2007（平成19）年「児童虐待防止法および児童福祉法の改正」……110
　　4　児童虐待防止に関する2008年以降の法改正……111

❺ 今後の課題……111
　　1　施設養護の課題……111
　　2　里親制度の課題……112

　⇨先行文献……114
　★学びのオリエンテーション　他人同士が親子になるまで
　　―親になる決断をした里親夫婦の語りを通して―……115

第5章　非行問題をもつ子どもたちへの支援……117

事例　触法少年（14歳未満）の処遇の事例……118

❶ 最近の子どもたちの実態……120
　　1　子どもたちの荒廃……120
　　2　被虐待と非行・犯罪との関連……120
　　3　反社会的行動の背景……121
　　4　自立支援の視点……122
　　5　思春期への対応……125

❷ 非行をもつ子どものための法制度……127
　　1　少年事件の系統図……127

2　感化・教護の史的変遷……131
❸ 今後の課題……135
　　1　触法少年の処遇……135
　　2　児童自立支援施設での処遇……138
　　3　処遇の系統（長崎事件を例として）……139
　　4　児童自立支援施設の課題……140

⇨先行文献……142
★学びのオリエンテーション
　児童福祉施設における専門的支援の技法……143

第6章　心身にハンディをもつ子どもと家庭への支援……145

　事例　知的障害をもつ太郎くんと家族……146

❶ 心身にハンディをもつ子どもたち……148
　　1　身体に障害をもつ子どもたち……148
　　2　知的障害をもつ子どもたち……148
　　3　自閉症，学習障害，注意欠陥多動性障害の子どもたち……149

❷ 障害児の発達・生活支援のシステム……151
　　1　障害の告知から受容へ……152
　　2　母子保健サービス……153
　　3　相談とサービス申請窓口……153
　　4　経済的支援……154
　　5　地域における療育・保育……155
　　6　障害をもつ子の学校教育―特殊教育から特別支援教育へ……157

❸ 今後の障害児福祉の課題……159
　　1　出生前診断―その実態とリプロダクティブ・ヘルス／ライツ……160
　　2　きょうだいへの支援……161
　　3　障害をもつ子どもの自立にむけて……162

⇨先行文献……164
★学びのオリエンテーション
　リプロダクティブ・ヘルス／ライツ概念の意義と重要性……165

第7章　ひとり親家庭の子育て支援・生活支援……167

事例　養育費の滞りで借金をかかえたひとり親家庭……168

❶ **ひとり親家庭の福祉とは**……170
　1　ひとり親家庭という用語……170
　2　ひとり親家庭福祉の考え方……170

❷ **ひとり親家庭福祉のあゆみ**……171
　1　戦前における対策から戦後の母子福祉法へ……171
　2　最近の改正……172

❸ **ひとり親家庭の実態と生活問題**……174
　1　離婚に対する意識の変化とひとり親への偏見……174
　2　ひとり親家庭の生活問題……176

❹ **ひとり親家庭の子育て・生活支援**……177
　1　相談窓口について……177
　2　母子生活支援施設……178
　3　経済的支援……179
　4　就労支援……180
　5　子育て支援……181
　6　父子家庭が利用できる制度……181

❺ **ひとり親家庭の生活支援の課題**……182
　1　適切な情報の提供や手続きについて……182
　2　母子生活支援施設の課題……183
　3　児童扶養手当の課題……183
　4　当事者組織と新たなネットワークによる試みへの期待……184

⇨先行文献……186

★**学びのオリエンテーション**
　ドメスティック・バイオレンスの理解と援助……187

第8章　児童家庭福祉の専門職とその支援……189

> 事例　被虐待児童と家族に対する児童養護施設職員の支援……190

❶ 児童家庭福祉の専門性……192
  1　ソーシャルワークと児童家庭福祉……192
  2　児童家庭福祉の専門職の機能……192
  3　児童家庭福祉の専門職の専門性……194
  4　児童家庭福祉の専門職の技能……197

❷ 児童家庭福祉を支える専門職の種類……199

❸ 課題と展望……201
  1　専門職の向上のためのシステムづくり……202
  2　ファミリーソーシャルワークについて……203
  3　児童家庭福祉の専門職の配置や増員について……203

  ⇨先行文献……205
  ★学びのオリエンテーション　アメリカの児童家庭福祉の焦点
    ：シングルマザーとその子どもたち……206

エピローグ──子どもたちの〈居場所〉，"ふるさと"づくり……209

児童家庭福祉年表……212

索引……217

第1章
児童家庭福祉とは何か
―概念,歴史,法制度―

歴史の影に生きた子どもたち

エピソード1　1800年代初頭・英国

　紡績機械の発明のおかげで，子どもは一家の生計を支える稼ぎ手になった．身体の大きい者では，はいれない無防備の機械の下にはいってクズ糸をとるのに3〜4歳の小さな子どもが使われた．年長の子どもは1日15時間労働で，脅かされたり，暴力によって夜まで働かされた．通風の悪い部屋にすし詰めに押し込められ，毎日午前5時から午後8時までも働かされ，休憩は2回で各30分．工場には休むところ，坐る椅子もなく，交代がくると疲労のために，はって自分のベッドへ行った．子どもたち同士の友情さえも彼らのおかれたひどい状況の影響をうけざるを得なかった（J. S. ヘイウッド，内田守訳『イギリス児童福祉発達史』ミネルヴァ書房，1971年，pp. 27〜28）．

エピソード2　1900年頃　日本

　広きは六畳，大抵四畳の一小廓に，夫婦・子供・同居者を加えて五，六人の人数，住めり．これを一の家庭とし言えば一の家庭に相違なけれど，僅かに四畳六畳の間に二，三の家庭を含む．婆あり，血気盛りの若者あり，三十を出たる女あり，寄留者多きはけだし貧民窟の一現象なるべし．……貧窟に国籍なき児童多きは，けだし野合して私生児産れ中途にして婦女の逃走するもの多きより生ず．しかして夫婦喧嘩は貧民の家庭最も多く見るところ，あるいは生活の苦悶を夫婦喧嘩の上に示せるものなきにあらざれども，また何らの理由もなく衝突して罪なき子供にあたり，昼食の用意なきにもかかわらず仕事に出ざるものもあり（横山源之助『日本の下層社会』岩波文庫，pp. 57〜58）．

> **エピソード3　1940年頃　ドイツ**
>
> 　フランツ・サーレス・ハウス（エッセンの障害児施設）中を不安がおおっていた．明日には130人の子どもたちが三手に分かれて，それぞれ別の目的地に移送されることが決まっていた．各部屋ではシスターたちが，服の荷造りをし，小さな子どもたちのためには包みの中におもちゃも一緒に入れた．厳しく禁止されていたにもかかわらず，部屋を出て，庭に長く列を作ってとまっているバスを見つけた子どもたちも幾人かいた．ペーターは，病棟中に響きわたるような大声を出して，みんなに知らせた．「助けて！　助けて！　助けて！　バスがいるよ！」（F. ルツィス，山下公子訳『灰色のバスがやってきた―ナチス・ドイツの隠された障害者「安楽死」措置』草思社，1991年，pp.190〜194）．

　現代の日本社会では子どもたちには教育・医療保健，労働政策，児童福祉などさまざまな施策が用意され，「健康で文化的な」生活が保障されることになっている．また，国連が採択した子どもの権利条約において「締約国は，児童の生存及び発達を可能な最大限の範囲において確保する」と定められている．けれども，3つのエピソードにあるように，時代，国，階層によって子どもたちのおかれた状況は異なっていた．本章では，歴史を辿りながら，児童福祉の意義，成り立ち，今日の法制度の概要をみていく．

　※各エピソードは，各文献該当頁の文章の一部を抜粋して引用したものである．
　　エピソード1については，ひらがなを漢字に直した部分がある．

① 児童家庭福祉とは何か―概念,歴史,法制度―

1 子どもと家族・家庭の概念

　子どもや家庭といった,私たちの日常生活のなかにあたりまえにあるものは,身近であるからこそ,自分の経験したものがすべてだと思い込みがちである.知らず知らずに受け継いだ考えや,マスコミの報道に影響されたことを,自分が考えだしたものだと思っていることもある.活字になっていることや「権威」を持つ人の主張を鵜呑みにすることもある.たとえば「30歳前には結婚して家庭を作り,子どもは二人ほしい」ということを自分が決めたと思っていても,実は社会の影響を受けた考えかもしれないのである.

　子どもや家庭にまつわる問題は,変化の激しい現代社会とシンクロしながら,めまぐるしく姿を変え,たち現れてくる.目の前の多様な現象にまどわされると,そのことが生じた原因を解明することはできない.児童家庭問題を解決する適切な方法を考え出すためにも,目に見える現象の本質をみぬく力を持つ必要がある.そのためにはさまざまな現象を並べて分類する方法だけではなく,歴史的社会的観点から相対化して分析する,社会科学的な認識方法が必要となる.そのような視点に立って,ここでは,子ども,家族,家庭の概念をあらためて概観した上で,児童家庭福祉とは何か,ということを考えてみたい.

(1) 子ども観と子どもの社会的位置

　児童という用語は,普段はあまり使わない言葉である.一般に法律の中で用いられ,年齢で規定されている.児童福祉法では,18歳に満たないものを児童とすると規定されているが,法律によって少しずつ異なる.

　最近は,行政組織にある児童家庭福祉の担当組織を,児童家庭課から子ども課に変えたところがあるように,「児童」ではなく,「子ども」と表記することが多くなってきている.法律上のまぎらわしさを避けることのほか,当事者主

体という観点から，子ども自身も違和感のない，子どもという表現が多くなっているようだ．

　今日の日本では，子どもは親に養育され，遊びながら成長し，幼稚園や保育園にいった後，小学校，中学校，高校へ行き，かなりの子どもが大学に進学して自立する，ということが，「普通」だと考えられているかもしれない．けれども，子どもがおかれていた状況は，時代や国，階級，階層によってかなり異なっていた．

　また，子どもの問題を考えるとき，「子どもはどういう存在か」という「子ども観」を理解することが必要であるが，それも時代とともに変化し，国・文化等によって異なるものであった．

　民俗学や文化人類学の知見によると，子どもとおとなを7歳前後で区別する文化，初潮や精通といった身体的な成熟を基準とするところ，その地域できめられた仕事ができることを目安とする文化などさまざまであったという．

　日本の歴史を遡ると子どもを「子宝」としてみる一方，間引きを「子返し」，「七つうちは神のうち」といったように，子どもや命に対する考え方が現代社会とはかなり違っていた．産まれてきた子どもの命を絶つということは，そもそも家族の子ども数の調整であったという説もあるが，貧しさの中でやむなく続けられてきた悲しい風習かもしれない．また，乳幼児期を生き延びる子どもが少ない時代，子どもの命を神に委ねると考えるしかなかったのかもしれない．

　子どもは保護され，教育を受けるべき存在であるという，今日の社会で私たちが自明なものとみなしている子ども観も昔からあったわけではない．「子どもがおとなと異なる固有な存在であり，発達に応じた教育が必要である」という「子どもの発見」は近代においてはじめて形づくられた考え方なのである．医学，生理学，発達心理学などの発展も，子どもにおとなと異なる独自性を明らかにしていった．

　けれども実際に，子どもたちへの普遍的な教育や福祉が制度化されるまでには，そこから百年以上の時をまたねばならなかった．

そして今日，日本を含む先進諸国においては，「子どもの喪失」が懸念されている．世界中にはりめぐらされた情報メディアが，子どもとおとなの間にあった知識や情報の壁を取り去ったこと，そのために子どもたちが発達にそぐわない刺激にさらされていること，早期教育や子どもマーケットなどの子どもの早熟をせかしている社会状況が，子どもを子どもの世界から引きずり出しているというわけである[1]．

さらに十分過ぎるほどの栄養等によってもたらされた「発達加速」がある一方で，高度な産業社会に適合する労働力になるために，多くの子どもたちは20歳を超えてもなお，子どもとして親に依存しながら教育を受けることが普遍化している．現代の社会環境は，子どもたちの身体・知能と情緒・社会性の発達をアンバランスなものにしているのかもしれない．他方，少子化の進行にみられるように，「子どもの価値」に関する考え方が多様化している．

(2) 家族・家庭の概念

家族，家庭という言葉については，同義語として使われることもある一方，区別して使われる場合もある．日常用語では，家族を家族員，家庭を家族の場ととらえられることが多い．

「家族」の形や機能は，子どもの位置づけがそうであったように，時代，国，階級，階層，文化によってその様相はさまざまである．夫婦が一つの家族を構成せず，別々の家族に属していた時代や階層もあったし，非血縁を含む家族が存在していた時代，文化もある．

日本においては「家族制度」を国家にまで拡大し，人々を支配する装置として，「家族」が利用された時代もあった．

家族の概念は，家族を研究対象にした人類学，家族社会学，フェミニズム理論等々，多様な学問的方法から組み立てられてきている．膨大な先行研究の全容を把握する作業がここでできるはずもないし，家族の概念規定の定説があるわけではないことを指摘したうえで，家族の定義として最も知られているもの

の一つを紹介する.

「家族とは夫婦・親子・きょうだいなど少数の近親者を主要な成員とし,成員相互の深い感情的かかわりあいで結ばれた,幸福（well-being）追求の集団である.」[2] この定義でいくと,以下の章に登場する,子どもを虐待している家族,里子を育てる家族などは,規定からはずれてしまうか,「異常な」家族となってしまう.家族の実体を分析・整理して,どの家族であってもあてはまる概念規定をすることは容易ではない.

そこでここでは,家族を歴史的社会的存在としてとらえ,より普遍的な家族の定義を試みた研究者に学び,「家族とは,労働主体としての人間の生産にかかわる諸活動を行う,社会における基礎的な集団であり,その構成・機能は生産力の発展水準と生産関係によって条件づけられている.」とおさえておきたい.この概念においては,家族が血縁である縛りはない.また,社会の経済のしくみ（生産関係）とその発展水準が家族をかたちづくる基本的な要因であると理解することができる.具体的には,家族の主要な機能は,①日々の心身の維持のための活動や子育てなど他の人間の生産・再生産,②生活資料の獲得も含めたものの生産,③生活過程における人・機関との関係性の生産といった,ひと,もの,関係の生産となる.[3]

「家庭」という言葉については,家政学のテキストでは「同一居住性,経済性,家族意識の生活集団」と定義されている.一般的には「家族の生活の場」という使い方をすることが多い.他方,この言葉は明治期に,「家族の団らん」「家族員の情緒的結びつき」といった価値を付されて登場したものの,否定されたはずの家族概念が新たな装いをまとって復活した概念であったという指摘もある.[4] 昭和期の終わり近くにだされた国の「家庭基盤の充実」論（1979年「日本型福祉社会構想」）にあるように,現代においても,家庭に「家族の望ましい姿」という価値を組み込んで,政策的に利用されることもある.

「冷たい家庭」より「あたたかな家庭」にこしたことはないが,戦前の「家族」制度の「美風」という観念が現在にも蘇らされ,あるべき姿からはずれて

いる家族を批判的・差別的にみたり、家族の自助努力、自己責任といった考え方を強めることにも作用する。「問題をかかえた」家族と子どもに関わることが多い、児童家庭福祉の分野であるからこそ、「家庭」という言葉にまつわる観念、用いられ方に慎重でなければならない。

さらに、家族、家庭に類似した用語として、行政的に用いられる「世帯」という言葉の意味についても確認しておく必要がある。世帯は「住居及び生計を共にする者の集まり又は独立して住居を維持する単身者」（国勢調査令第2条）と定義されている。

ところで、最近の家族にまつわる論議の中で、「近代家族」において社会が自明としてきた家庭における男女の役割分担の解消のためには、家族を単位とする社会から、個人を単位とする社会への移行が必要であるという論もある。サラリーマンの夫と専業主婦の妻、2、3人の子どもからなる「近代家族」＝標準世帯が少数派となっている現在、家族が単位である社会から、個人単位の社会こそ、誰もがくらしやすい社会であるというわけである（落合恵美子・参考文献④）。家族におけるジェンダー対立やジェンダーバイアスの問題は重要である。ただし「近代家族の終焉」（上野千鶴子『近代家族の成立と終焉』岩波書店、1994年）が、子どもが育つこと、育てることにどのような活路をみいだすことができるのか、「生産主体としての人間の生産」が困難になってきている家族にどのような社会的施策がとられていくべきか、私たちの社会はその答えをまだ見いだしてはいない。

2 児童家庭福祉の意義・役割

では、あらためて、児童家庭福祉の意義・役割とは何なのか、考えてみよう。

児童家庭福祉は、従来、児童福祉とよばれているものであり、児童家庭福祉という呼び方がされるようになったのは近年になってからである。呼び方が変わった経緯については、後でふれることにして、とりあえずここでは児童福祉＝児童家庭福祉としておく。

一般に「児童福祉＝児童家庭福祉は子どもの幸せを守るもの」といった理解が少なくない．典型的なものとして，次のような定義があげられる．
 「児童福祉とは，児童の身体的，知能的，情緒的発達について，すべての児童の福祉（well-being）を守り，保障しようとする公的・私的福祉機関が行う社会的，経済的，保健的な諸活動そのもの」5)
 しかし，教育であっても，保健医療であっても児童の福祉（well-being）を守り，保障するものであり，このような定義では児童福祉の固有の役割がみえてこない．また，児童の福祉を守るという目的概念と，児童福祉が社会福祉政策の一領域であるという実態概念を区別することが必要である．
 社会福祉学の一領域である児童福祉としては，その主体，対象，方法を明らかにすることが求められる．6)

(1) 児童福祉の対象

 ふつう，対象というと，子どもや家族など人そのものをさすことが多いが，社会福祉においては，対象を生活問題ととらえる．その見方でいくと，児童福祉における対象は，児童とその家族に関わる生活問題である．
 生活問題は，基本的には，経済的問題が生活問題へ派生したものである．具体的な例で考えると，不況の中で父親がリストラされ→お金の問題や生活不安のために夫婦が不和となって→母親が失踪した→父親だけでは子どもが育てられず→子どもは児童養護施設へ，といったものである．現実は，こうは単純ではないし，家族構成，家族関係，その他複雑な背景がからみあって問題として浮かび上がってくる．
 児童家庭福祉に関わる問題を論じるときに，「家族の子育て機能の低下」という言葉がよく使われる．夫婦と未婚の子どもからなる核家族は，一旦何か起きたときには弱いことは確かであるが，問題の要因を家族の機能に帰す理解だけでよいであろうか．戦前の社会においても，核家族は少なくなかったという．現在とのきわだった違いは，家族をとりまく周囲の変化である．現代社会には，

かつてのような親族ネットワークや地域ネットワークはほとんどない．家族だけで子どもが育つことはかつてもなかったし，現在もできえないのかもしれない．

　加えて，今日の家族の内部には，濃密さと希薄さという，関係性のアンバランスがある．プライバシーと「自由」が守られ，他者の介入を最小限とする閉じられた生活空間を特徴とする今日の家庭は，濃密で過剰な母子一体感を乳幼児期以降も引き伸ばしたり，場合によっては，マルトリートメント（不適切な養育）や虐待をひきおこす素地も作る．逆に，多くの機能を外部化（社会化・商品化）することによって，共同してことにあたることが減少した家族においては，家族同士の関係性は希薄化しがちである．

　また，今日多くの人々が家族に主として求めている愛情，安らぎといった精神的な絆は案外，脆いものかもしれない．たとえば国の調査で「相手に満足できない時は離婚すればいい」という回答や離婚件数が年をおうごとに増加していることも，そのことが関連しているといわれている．もちろん，離婚の理由としてはその他の要因も多々あるし，離婚自体を問題とすべきではない．ただし，今日の社会においては，二人親でも大きい子育ての負担を，一人で担う場合にはさらなる困難が生じがちである．

　今日の家族に生じている生活問題を，現代社会のしくみと関わらせて，現代社会の家族に組み込まれたものとして，考える視点が必要である．

(2) 児童福祉の主体

　児童福祉の主体としては，責任主体，政策主体，運営主体，実践主体にわけて考えることができる．

　児童福祉は児童福祉法を基本として行われる．すべての社会福祉の法律が，憲法第25条をもとにしていることから，責任主体は国であると考えられる．

　政策主体は児童福祉政策を政策化するものであるから，これも基本的には国である．ただし，児童福祉法に規定されているように，地方公共団体も政策主

体となる．地方公共団体は，国の政策の制約を受けながらも，独自の行政機構において政策プランを作成し，施策を実施する．近年，地方分権化の推進という政策の下で，地方公共団体の役割は大きくなっている．地域の実情にあった政策が展開される可能性もあるが，財政基盤や政策方針が異なる自治体間での地域格差が生じる危惧もある．日本のどこに住んでいても子どもたちのナショナルミニマムが保障されるという観点も重要である．

　運営主体とは，児童福祉事業を運営，実施するものをさす．児童福祉施設のほとんどは，自治体，あるいは社会福祉法人を運営主体とするという規制が設けられてきたが，近年の社会福祉構造改革，規制緩和に伴って，企業やNPOといった運営主体の参入がみられる．民営化によるコスト削減は「サービスの質」を引き下げるものではないといわれているが，児童福祉事業がこれまで公的分野で担われてきた意味をあらためて考える必要もあろう．

　実践主体は，児童福祉機関や施設における専門職である．ボランティアが専門職を支援することもあるが，専門職ではないボランティアは実践主体に含まれない．

(3) 児童福祉の機能

　児童福祉の機能についてはまず，児童福祉が社会福祉政策の一部であるととらえる本質的な理解が必要である．政策である限りは，国の経済発展を支え，そこに支障をきたさないようにするという目的のもとで実施される．また社会政策が対応できない部分への補完，代替機能を持つ．たとえば保育政策は乳幼児を集団保育の中で健やかに育つことを支援するものであるが，共働き家庭の就労を支えるという労働政策の補完の機能を持つものである．また，幼児教育の側面も期待されているように，教育政策の代替ともなっている．そして，政策が必要とする範囲で行われるのであるから，保育ニーズを無限に受け入れる政策がとられることはないし，できるだけコストをおさえることも政策の論理にはかなっている．その本質は事実であったとしても，当事者や住民の意思を

反映させて，施策を拡充することができないわけではない．

次に児童福祉の機能を実践的にとらえると，それらの機能は次第に拡大していると考えられる．たとえば養護問題について考えると，戦後間もない頃は，要養護児童に対する援助は家族の代替機能が中心であったが，今日では，家族機能を代替しながらも，親に受けた虐待などによる心の傷や痛みを癒す支援，保護者の精神的支援というケアの機能も求められている．また，子どもには意見表明権があるが，現実には自らの意見を表明する力を十分持たないからこそ，代弁（アドボケイト）も必要である．さらに子どもとともに保護者を支援し，代弁する機能も求められている．

ところで児童福祉は，当然であるが万能ではない．児童福祉が有効に機能するためには，教育や医療保健，労働等他の政策領域との連携が重要となってくる．

(4) 児童福祉から児童家庭福祉へ

子どもに関する福祉については，従来は，児童福祉という名称が一般的であったが，児童家庭福祉，子ども家庭福祉という言葉が使われることも多くなった．

その理由として，「補完的代替的な児童福祉から，保護的な福祉観のウェルフェアを越えた well-being への概念への転換であると共に，子どもの権利を重視した予防的なプログラムを含む福祉への転換である」という考え方もある．[7]

けれども理念としては，児童福祉法が制定された時から，子どもが権利の主体であるということは規定されていたと考えるべきである．児童福祉法が他の社会福祉の法律と同様に，憲法第25条に基づいているからである．また，問題をもった子どもだけではなく，すべての子どもを対象とすることも，児童福祉法にすでに盛り込まれていた．

理念としてあったにしても，制度の内容，実体としては不十分であったということは確かである．予防的プログラムを充実させるということも重要である．

児童福祉が児童家庭福祉といわれるようになったのは，現象としての子どもとその家族の問題の深化に対応できない制度を改革する必要があったためであると考えられる．そこで，1997年の児童福祉法改正において，母子寮は母子生活支援施設，教護院は児童自立支援施設などといくつかの施設の名称が変えられた．一方で，保育制度における見直しも行われた．その後も子どもとその家族の福祉に関する法制度の改正，新たなさまざまな法律の制定が重ねられてきた（本章第3節参照）．その結果，子どもたちのwell-beingは実現，あるいは実現に近づいたであろうか？　次章以降のページを開きながら，その答を探ってほしい．

② 児童福祉の法と理念の歴史的展開

1 日本における児童福祉の歴史：明治維新期から戦後改革期

　戦前，昭和のはじめの日本において「児童の権利」思想を説き続けた菊池俊諦（きくち しゅんたい）（国立感化院［現・児童自立支援施設］武蔵野学院初代院長）によれば，当時「児童の権利など説くことは，親に対する反逆と認められた」「異端思想とまで批評せられた」という．子どもの権利という言葉一つとっても，先人が切り開いてきた道があり，私たちはその後を歩いている．いずれにしても，歴史を背負っていない，いかなる制度も問題も認識もありえず，それは児童福祉についても例外ではない．

　明治維新から第二次世界大戦終結にいたるまで，日本における児童保護立法の特徴として指摘しうるのは，歴史の「曲がり角」における戦争との深い関わりである．20世紀に入り資本主義経済の矛盾は世界（植民地）の再分割をめぐる戦争をうみだした．人口政策としての役割を期待され，国民や労働力形成の機能をも有する児童保護・福祉政策は，こうした展開とも深く関わらざるを得なかった．以下，その展開のメルクマールとして戦争との関わりをふまえながら，明治維新期から第二次世界大戦後改革期までの歴史を概観しよう．

(1) 児童保護事業の前史（近代国家の出発から第一次世界大戦まで）
① 近代国家としての出発と恤救規則

1871年，維新後数年にして明治政府は廃藩置県を断行する．藩による統治を廃し，中央集権的国家による統治確立にむけての大改革であった．それまで藩に担われてきた救貧政策を近代国家として再編成していくことが課題となり，1874年，恤救規則（明治七年太政官達第百六十二号）が公布された．とはいえ，恤救規則の基本発想は「済貧恤窮ハ，人民相互ノ情誼ニ因テ，其方法ヲ設ヘキ筈」ということであり，親族扶助や隣保扶助を得られない「無告ノ窮民」のみに対象を限定するものであった．児童救済についても「独身ニテ十三年以下ノ者」に一年に「米七斗」分の金銭を給付するというものにとどまっていた．

その他の児童救済立法として，「棄児」の「貰受人」に対して給付する「棄児養育米給与方」（明治四年太政官達三百号），三人の子を産んだ者で「其家困窮」のとき給付する「三子出産ノ貧困者へ養育料給与方」（明治六年太政官達七十九号）が公布されている．

これらは，いずれも国家の責任で国民の最低生活を保障するものではなく，家族扶助や隣保扶助を前提としたものであり，公的救済制度と呼ぶにはふさわしくないほど，厳しく対象を制限するものであった．

② 慈善事業としての育児事業のはじまり

内務省嘱託を経て社会事業の研究者となった生江孝之によれば，「我が国の社会事業は明治年間を通して大正七年に至るまでの五十年間」は「児童保護中心」であり，かつ「児童保護事業中，育児事業は常にその第一位を占め」ていたという[9]．この育児事業（現在の児童養護施設の前身）の隆盛は，慈善家たちによるものである．1880年代に入ると，仏教による慈善事業として板敷円性の育嬰同盟社（1880年），カトリックによるものとしてはベルリオーズ神父による孤児院（1890年），プロテスタントによるものとしては石井十次による岡山孤児院（1887年），小橋勝之助による博愛社（1890年），本郷定次郎による暁星園（1891年），石井亮一による弧女学院（1891年）等，育児事業がはじめられている．

日本の資本主義が原始的蓄積をへて産業資本を確立していくこの時期，児童に関する社会問題は激化・拡大したが，国家による救済制度は制限主義を崩さず，慈善家による慈善事業がこれに対応したのであった．

③ 感化法の制定と改正

同じ頃，1885年に高瀬真卿によって予備感化院が設立された．日本における感化院のはじまりである．この後，千葉感化院（1886年），岡山感化院（1888年），京都感化院（1889年）と，設立が相次いだ．

こうした慈善事業としての感化院設立の後，1900年，日本における児童施設に関するはじめての法として感化法が公布された．議会への法案提出理由として，不良少年の増加や旧刑法下で懲治処分を受けた幼年犯罪者が監獄で大人の犯罪者から悪影響を受けることが指摘され，感化教育の必要が訴えられた．児童救済に積極的ではない政府も「社会の流毒を未然に防遏」するという治安対策・社会防衛的な機能に期待をした．この感化法は各府県に設置義務を課すものであったが，施行は各府県会の決議を経ることとされていたため，第一次改正に至るまで，二府三県において実施されるにとどまった．[10]

その後，1907年に新刑法公布（翌年施行）により懲治場が廃止され14歳未満のものは罰しないことになったため，これらの者を収容し教育する施設設置のため，1908年，感化法が改正される．この改正で感化院設置において各府県会の決議を経る必要がなくなり，国庫補助もはじまり，感化院の設置が各府県ですすめられた．

(2) 児童保護事業の成立（第一次世界大戦後から日中全面戦争へ）

① 「総力戦」と総合的児童保護立法構想

第一次世界大戦前より児童保護立法や政策の整備に着手していた欧米先進諸国は，第一次世界大戦で「総力戦」を経験し，「第二の国民」たる児童を保護・育成する児童保護事業を強化した．この時期，日本は，アジア最大の工業国となったものの，欧米先進諸国とくらべて乳児死亡率が高く，感化法以外の

児童保護立法を持ち得ていない問題が浮かびあがった．欧米先進諸国が「貧児，孤児，異常児」等の救済だけでなく「次代国民育成」を目的として児童保護事業を強化していたことは，無視できない動向としてうけとられたのである[11]．

内務省は1917年に地方局救護課を設置した頃より欧米の社会事業とその立法の調査研究を行い，「各種社会事業中殊に児童保護事業促進の為」児童保護立法の重要性を認識するようになっていた[12]．1919年頃からは児童保護立法に向けての策定作業に入り，内務省に新設された社会局に引き継がれた．

この課題意識を共有する社会局官僚らを励ましたのが，ワイマール共和国（ドイツ）における児童保護法の公布（1922年）であり，同法が「児童の権利」を明記していることであった．当時，総合的児童保護立法を求める内務省社会局官僚や嘱託らの論考や講演によってドイツ児童保護法における「児童の権利」規定は頻繁に紹介されたが，この児童保護立法構想は，国会に提出されることのないままに終わった．

② 救護法の公布と実施促進

昭和に入り，金融恐慌（1927年），世界恐慌（1929年），農村恐慌（1930年）と相次ぐなか，労働者・農民生活の窮乏化が進行する．そこで政府はようやく恤救規則にかわる救護法案を提出した．1929年に成立した救護法は，13歳以下の幼者や1歳未満の乳児を哺育する母，妊産婦をも対象としていた．しかし，財政難を理由に，施行されたのは1932年からであった．その間，方面委員らが実施促進のための運動を行うほか，児童保護事業関係者らも第二回児童保護事業会議において，促進を決議した．

③ 少年教護法・児童虐待防止法・母子保護法等の公布

1930年代には相次いで個別の児童保護立法が進められた．

1932年には児童虐待防止法が公布される．不況や凶作による国民生活の困窮は，虐待，子殺しや子の売買を頻発させていた．同法は，14歳未満の児童を対象にその保護を目的としたもので，児童を保護する責任ある者が虐待をしたり，監護を怠り児童が刑罰法令に触れたりした場合に，保護処分として，保

護者に訓誡や監護命令を出す，あるいは児童の親族やその他の家庭や施設などに委託することを定めたものである．また，同法は，児童を「用いること」を「禁止」「制限」する「業務及び行為」を主務大臣が定めるものとした．

　少年教護法は，感化法に代わるものとして1933年に公布された（施行は1934年）．すでに1926年に内務大臣が社会事業調査会に感化法改正について諮問し，翌1927年には同調査会は「改正感化法案要綱」を答申していた．しかし，政府はこの答申を立法化しようとしなかったため，関西の感化院院長らを中心に感化法改正運動が展開された．同法は，感化院から少年教護院への名称変更をはじめ，職員養成所や少年鑑別機関の設置が可能となったこと，院外の少年保護員の設置が認められたことなど，関係者らによる要求が多く取り入れられる形で立法化された．

　1937年，母子保護法と軍事扶助法が公布された．母子保護法については，同法を求める運動は，第一次世界大戦後の総合的児童保護立法運動に端を発し，昭和恐慌以後の母子心中事件の頻発を憂いた方面委員等の運動，さらには婦人運動を基盤とした運動によって長年展開されてきた．しかし，公布された同法では，運動の過程で見られた婦人の地位向上要求や権利認識は活かされることなく，また，失業中の配偶者をもつ母であってもその配偶者に労働能力があれば対象者から外され，「性行不良」の母も対象者から外されるなど資格要件は厳しく制限された．同法は13歳以下の子を擁する貧困のため生活が困窮している母子を対象とし，「生活扶助」「養育扶助」「生業扶助」「医療」を内容とし，さらにこうした母子を保護する施設（母子生活支援施設の前身）の設置も定めた．

　軍事扶助法は，軍事救護法（1917年公布）を改正したものである．傷病兵や戦死者遺族の困窮者を対象としたこの改正法では，名称変更とともに，貧困のため生活ができない者から生活が困難な者へ対象を拡大した．救護法や母子保護法に比べ，救護の資格要件が緩やかにされている点にも，日本の社会事業の特質が現れていた．

(3) 児童保護事業から戦時厚生事業への変質（日中戦争から第二次世界大戦の終結まで）

　1937年7月の盧溝橋事件の頃から中国との戦争が全面化していくに伴い，国民体力の向上や劣悪な保健状態を向上させていくことが軍部からも国策として要求されるようになる．こうした要求を受け，1938年「国民保健，社会事業及労働」に関する事務を管理する行政機関として厚生省が新設された．また，この時期には人的・物的な資源を動員・統制することを可能にし，議会制を形骸化する国家総動員法が1938年に公布，施行されている．

　児童保護事業を含む社会事業は，この時期，戦争遂行のための人的資源の保護や育成を目的とする戦時厚生事業へと変質していく．とりわけ児童保護事業は医療行政や保健行政とともに，戦時の人口政策確立のための重要な位置づけを期待された．1940年，厚生大臣は中央社会事業委員会に「時局下」の児童保護の具体策について諮問する．ここでは出生率の低下，高い乳幼児死亡率，父母の勤労と子女の養育の両立などが課題とされた．1941年に閣議決定された人口政策確立要綱は，結婚年齢を早め，出生人数の増加，乳幼児死亡率の低下を目標とした．同年，全国児童愛護実施要綱が，人口増殖策，母性・妊産婦保護，乳幼児保護，不良化防止を掲げた．貧困対策を主眼としたこれまでの児童保護事業にかわって「生めよ殖やせよ」の人口政策としての色彩が前面に出される時代に突入したのである．

　戦時下において拡大したのが保育所である．青年壮年男子が戦場にかり出され，「銃後」を守る母親たちの勤労の能率をあげ，乳幼児を保護するためであった．常設保育所に加え，工場保育所や鉱山保育所，農繁期の季節保育所も急増した．幼稚園と託児所の戦時保育施設への統合も各地で見られ，東京市では1944年「幼稚園閉鎖令」が出され，戦時託児所として統合された．

　戦時下の児童保護事業や施設では，戦争も末期となり食料すら事欠く段階にいたっては，栄養失調で子どもの健康や生命を守ることすら困難となり，戦時厚生事業は人口政策としても破綻していった．

(4) 終戦から児童福祉法の制定へ

　戦後，まず児童の生活問題に対する政策として取り組まれたのは戦災孤児・浮浪児の保護であった．しかし，政府はこれらの保護に積極的であったとはいえず，また，子どもを保護収容した施設においても食料にこと欠き，退屈な施設生活から多くの子どもは脱走をくり返した．

　当時，日本は占領下にあり，戦後直後の児童保護の成果に疑問をもったGHQは，日本政府に対して，児童局の設置を求め，戦災孤児や浮浪児，貧窮児童をはじめとする児童の福祉に関する事項について計画するよう指導した．

　そこで日本政府は，厚生省内に児童局設置の準備をすすめる一方，児童保護の立法化準備をすすめる．1946年，厚生大臣より中央社会事業委員会に対して，「児童保護法案要綱」を示し，児童保護事業徹底の具体策について諮問を行ったのである．これに対して同委員会は，特殊児童のみを対象としていた「児童保護法案要綱」を批判，すべての児童を対象にした「児童福祉法」を名称とすべきという意見書を提出した．その後，政府は，児童福祉法大会などで意見を募るとともに，児童福祉法案について検討を進めていった．

　ところで政府が作成した児童福祉法案のなかにはアメリカ児童憲章（1930年）にアイデアを得て「児童憲章」的な内容を前文として取り入れたものもあり，すべては実現に至らなかったものの児童福祉法「総則」に取り入れられた．この「総則」の第一条の草案作成にあたっては，第一次世界大戦後に総合的児童保護立法構想において参照されたドイツ児童保護法が参考にされ，また，児童福祉法には児童虐待防止法と少年教護法，母子保護法における母子寮や産婦手帳など戦前の個別児童保護立法の内容が総合され，継承された．このように，1947年12月に公布された児童福祉法は，戦前における個別児童保護立法の内容を受け継ぐとともに，第一次世界大戦後の総合的児童保護立法構想が現実化したものであったともいえる．

　さらに，児童憲章（1951年）がつくられる過程において，アメリカ児童憲章や国際連盟「ジュネーブ宣言」などがモデルとされたことをあわせて考えるな

らば，戦後改革期につくられた児童福祉法や児童憲章は，戦間期における子どもの権利国際化の動向をあらためて受けとめ作られたものであったといえよう．そこで以下では，第一次世界大戦以後の子どもの権利に関する国際的文書を中心に，そこに現れた子どもの権利認識の発展過程を概観してみたい．

2 子どもの権利思想の形成：国際的なあゆみと日本

(1) 第一次世界大戦終結と「ジュネーブ宣言」
―――「人類の子ども」の発見―――

　第一次世界大戦は，戦闘員だけではなく銃後の「国民」を含めた「総力戦」として戦われた最初の戦争であった．敗戦国や戦場となった地域で多くの子どもたちは，戦後も貧困と餓えのなかで暮らさざるを得なかった．

　人類は，この戦争を反省し，平和のための国際機関として国際連盟を創設する．そしてイギリスでは，戦前に敵国であったドイツの子どもたちを餓えから救うため基金救援活動がはじめられた．この児童救済基金に対しては，国内で「非国民」の声もあがったといわれる．しかし「子どもは敵にあらず」という作家バーナード・ショーの支援もあり，ヨーロッパの子どもたちを戦後の餓えから救うための事業が展開された．その後，児童救済基金は「世界児童憲章」(1922年)を制定し，その内容は，1924年，国際連盟第五回総会によって採択された Declaration of the Rights of the Child（一般的には「ジュネーブ宣言」と呼ばれる）に引き継がれた．

　「ジュネーブ宣言」は，全5条からなる簡潔なもので生命すら危ぶまれるような環境に置かれた子どもの保護を「すべての国の男女」に訴えた．この宣言は，市民的自由を含む人権享有主体として子どもをとらえていなかったものの，「人類が児童に対して最善のものを与える義務を負う」(前文)という「子どもの権利条約」にも引き継がれる視点を国際機関としてはじめて確認した．「国家の子ども」という観念では解決できない問題に対して「人類の子ども」という子ども観を宣言したものとしての意義も持つものであった[13]．

(2) 第二次世界大戦集結から冷戦終結まで

① 「世界人権宣言」(1948年)

しかし,国際連盟を創設し軍縮・平和を目指した「人類」は,第二次世界大戦を引き起こしてしまった.大戦終結後,国際連合(以下,国連と略する)は「二度まで言語に絶する悲哀を人類に与えた戦争の惨害から将来の世代を救い,基本的人権と人間の尊厳及び価値と男女及び大小各国の同権とに関する信念」(「国際連合憲章」前文)を確認し,1945年10月に発足する.

「将来の世代」たる子どもを守り,「ジュネーブ宣言」をヴァージョンアップをすることは,国連創設当初からの課題であった.しかし,この時期に国連がまず実現させたのは,「すべての人」の権利と自由を謳ったUniversal Declaration of Human Rights(以下,「世界人権宣言」とする)であった.1948年12月の国連第3回総会において採決されたこの宣言は「すべての構成員の固有の尊厳と平等で譲ることのできない権利を承認することは,世界における自由,正義及び平和の基礎」であるとの認識から創られた.

この宣言は,すべての人の教育を受ける権利について定め,子ども固有の権利についても「母と子」が特別の保護および援助を受ける権利を有することを確認し,さらに非嫡出子差別を禁止した.いわば,「ジュネーブ宣言」では自覚されていなかった人権享有主体として子どもをとらえる視点を打ち出しながらも,子ども固有の権利については最低限度のものしか盛りこまれなかった.

② 「子どもの権利宣言」(1959年)

1959年の第14回総会にて国連はDeclaration of the Rights of the Child(「子どもの権利宣言」)を採択した.策定作業は,国連発足後すぐにはじめられたが,「世界人権宣言」が採択されると子ども固有の権利宣言策定が疑問視された時期もあったという.しかし,個別的な人権文書が一般的人権文書の意義を損なうものではなく補完するものであるとの理解が進み,作業が続けられた.

「子どもの権利宣言」は,全10条からなり,最低限度の生存保障という水準

を超えて，教育を受ける権利，遊びやレクリエーションの権利等も明記され，総じて子どもの人格の調和した発達や成長する権利を基本にすえるものとなった．つまり，この宣言は「人類は，児童に対して，最善のものを与える義務を負っている」（前文）という認識を「ジュネーブ宣言」から受け継ぎ，人権享有主体として子どもをとらえた「世界人権宣言」の認識を経たうえで，子どもが「特別の保護及び配慮を必要」（前文）とするという認識に到達した．

③ 「宣言」から「条約」へ

「子どもの権利宣言」が採択された頃，すでに国連では「世界人権宣言」の条約化を目指して「国際人権規約」の策定作業に入っていた．「国際人権規約」は 1966 年に採択，1976 年に発効し，子どもの権利についても国際法として法的拘束力を持つ「条約」制定が現実的な課題となってきた．「子どもの権利宣言」採択から 20 周年を控えた 1978 年，国際連合人権委員会においてポーランド政府案が採択され，条約化への作業がはじめられた．

ただし，この策定過程においては，各国の法や行政を規定する子ども観の違いを反映して鋭い対立もあった．対立のポイントとなったのは，子どもの市民的権利群の登場，子ども自身を権利行使主体としてとらえる子ども観の登場に対する，国家的保護主義や家族的パターナリズムの立場からの制限の主張である．

しかし，もはや子どもの市民的自由の国際法による承認への胎動を止めることはできず，「宣言」から「条約」への転換の過程は，市民的自由を享有し行使する主体としての子ども観への転換の過程となった．

(3) 「子どもの権利条約」と 21 世紀の子どもの権利

① 「子どもの権利条約」の概要と特徴

Convention on the Rights of the Child（「子どもの権利に関する条約」）（以下，「条約」と略する）は，1989 年 11 月に国連総会において採択され，20 カ国以上の政府による批准によって 1990 年 2 月に発効された．全 54 条からなる「条

約」は,「ジュネーブ宣言」以来の子どもの権利に関する国際的な文書を継承しながら,それまでには見られなかった特徴を持った.

　第1に,先述のように子どもを権利の享有主体としてのみならず権利行使主体[13]として位置づけ,子どもに対しても意見表明権,表現の自由,思想・良心・宗教の自由,結社・集会の自由,プライバシーの権利等,市民的自由の多くを法的に承認したことである.もちろん,「条約」は,その権利行使にあたっては「子どもの能力の発達と一致する方法で適当な指示および指導を行う責任,権利,義務」(5条)を親等に課しており,おとなとまったく同様の権利行使主体としてとらえているわけではない.発達に応じた関わりと権利を子どもに保障しようとするものである.

　第2に,発展途上国における子どもの問題解決を視野に入れた条約になっていることである.前文において「各人民の伝統及び文化的価値が有する重要性」や「開発途上国における児童の生活条件を改善するために国際協力が重要」であることを認めるとともに,さらに「難民の子どもの保護・援助」(22条)や「武力紛争における子どもの保護」(38条)など個別課題についても独立した条項を定めている.

　第3に,締約国に対して,子どもの権利実現のために直接に義務を果たすことを求めるとともに,親への援助義務を課していることである.「条約」は,親(や法定保護者)による子どもへの指示や指導を行う「責任,権利および義務」(5条)を尊重し,親には子どもに対する「第一次的養育責任」(18条1項)を定めた.また,その親(や法定保護者)が養育責任を果たすための「適切な援助」を締約国の義務(18条2項)としている.

② 日本政府や国内立法との関連

　日本政府は,1994年4月に「子どもの権利条約」を批准し(批准国としては158番目),締約国となった.「条約」は日本において,日本国憲法の下位法として,そして国内の法律の上位法として法的地位を有することになった.

　したがって本来,締約国は「条約」に矛盾しないための立法措置が採られな

くてはならず，しかも「条約」は締約国に「この条約において認められた権利の実施のためのあらゆる適当な立法上，行政上およびその他の措置」をとることを義務づけている（5条）．しかし，日本政府は「条約」批准にあたって立法措置を一切採らなかった．

その後の国会もまた立法措置を積極的には行っていない．それは，批准後，幾度も改正している児童福祉法に「子ども（児童）の権利」について文言すら採用されていないことにもあらわれている．もっとも，近年では「児童買春，児童ポルノに係る行為等の処罰及び児童の保護等に関する法律」や「児童虐待の防止等に関する法律」などによって，子どもの権利擁護のための立法措置がとられつつあるが，ようやく端緒についたところであり，「条約」が定めた法規範の水準にあわせていく課題は残されている．

ところで「条約」は，「条約において約束された義務」や「締約国によってなされた進歩」を審査するために「子どもの権利委員会」の設置を定め（43条），締約国に対して「義務の履行」や子どもの「権利の享受」によってもたらされた「進歩」に関する報告義務（44条）を，5年ごとに課している．

日本政府は，これまで2回の報告を行っている．1回目の報告に対する「子どもの権利委員会」の最終見解では，G7中の締約国6国（英，仏，独，伊，加，日）のなかで日本は最も多く「懸念事項」を挙げられた．差別禁止，子どもの最善の利益および子どもの意見の尊重が「子どもに関する立法政策およびプログラムに十全に組み入れられていないこと」，そして社会のあらゆる側面において子どもが「参加に関する権利」を行使する困難に直面していることへの懸念が表明されたのである．

2回目の報告に対する審査や所見においても，非嫡出子に対する民法上の差別が改善されていないことが指摘され，さらには子どもの意見の尊重や参加が制限されていることへの懸念と改善勧告がだされている．

児童家庭福祉の制度と援助のシステム

1 児童家庭福祉の法体系

　前節で示されたような歴史的経緯のもと，戦後の社会において，児童福祉法を手始めに，児童家庭福祉に関するさまざまな法律が作られていった．以下に主要な児童福祉関係の法律の概要をまとめるが，これらの法律は作られてから幾度となく改正（改訂）が行われてきた．それぞれの法律の主たる改正や法の概要については，本書の各章においても触れられている．

(1) 児童福祉法

　制定された1947年当時，戦災孤児や浮浪児の保護等の，対応が差し迫った課題であった児童福祉法は，保護を必要とする一部の児童だけでなく，すべての子どもの福祉の向上を図ることを目的としたところに大きな特徴をもつ．

　児童福祉法は，総則，福祉の保障，事業及び施設，費用，雑則，罰則などの8章から構成されている．第1条には，児童家庭福祉の理念として，すべての国民に児童を健やかに育成する努力義務を課し，すべての児童に生存権と愛護される権利を保障している．第2条には，児童を健やかに育成する責任を，児童の保護者のみならず国や地方公共団体にも負わせている．「児童」を原則として18歳に満たないものとし，児童家庭福祉に関する機関・職種として，調査・審議するための児童福祉審議会，実務を遂行するための児童福祉司，児童委員，児童相談所，福祉事務所，保健所，保育士の業務等について規定している．福祉の保障として，障がい児に対する療育指導，医療給付，要保護児童に対する保護措置（施設入所，一時保護等）等を定め，事業および施設として，児童福祉施設の目的等を規定している．また，必要な費用の支弁義務者や国・都道府県・市町村の負担割合等を定め，児童の福祉を阻害する行為の禁止や違反の罰則等について規定している．

同法に基づき，児童福祉施行令，児童福祉法施行規則，児童福祉施設最低基準が定められ，法の適正かつ円滑な実施が図られている．なお各施設の設備，人員配置，運営内容等についてのナショナル・ミニマムの基準としておかれてきた「児童福祉施設最低基準」は，「地域の自主性及び自立性を高めるための改革の推進を図るための関係法律の整備に関する法律（地域主権一括法）」(2011年)の施行による児童福祉法改正に基づき，全国の各地方自治体が条例で定めることとなった．実際にはすでに規定されている厚生労働省令を参照されるであろうが，この改訂は大きな転換である．同時に，「児童福祉施設最低基準」の名称も「児童福祉施設の設備及び運営に関する基準」へと変更されることになった．

　なお，児童福祉法は成立以来，50回ほどの法改正が行われてきたが，1997年には，保育所の措置制度や児童福祉施設の名称・機能・体系の見直しなど大幅な改正が実施された．その他，大きな改正としては2004年，①児童相談所の機能の見直しによる相談業務の一部市町村への移行，②「要保護児童対策地域協議会」の位置づけ，③児童虐待に関連する家庭裁判所の機能の強化，③乳児院，児童養護施設の年齢要件の見直し，④里親の定義の明確化，⑤小児慢性特定疾患治療研究事業の法定化，2008年の乳児家庭全戸訪問事業，養育支援訪問事業，地域子育て支援拠点事業，一時預かり事業，家庭的保育事業，小規模住居型児童養育事業などの法定化，2010年の障害者自立支援法の改正に伴う障害児施設の障害児入所支援への再編，「障害児通所支援」，「障害児相談支援」の創設などがある．近年は，毎年のように児童福祉法の改正が行われている．それらの細かい改正だけではなく，それらの改正が，どのような意味をもつのか，大きな流れをつかむことが大切である．

(2)　母子及び父子並びに寡婦福祉法

　一般的に経済的不利や生活上の困難を伴う状況におかれがちとなる母子家庭への施策として，母子福祉資金の貸付等に関する法律（1952年）をもとに，

1964年に母子家庭の福祉を総合的に推進する基本法として母子福祉法が制定された．1981年に同法は対象を寡婦家庭に拡大し，母子及び寡婦福祉法へと名称を改め，さらに2002年には就業による自立の促進を主眼とした改正が行われた．この法律には母子自立支援員による母子家庭及び寡婦の自立促進に必要な相談事業，母子福祉資金・寡婦福祉資金の貸付，住宅の確保，雇用の促進，居宅介護事業等についての規定が盛りこまれている．2002年の法改正で，父子家庭の父親も制度の対象となり，2014年より名称も現行のものに改まった．

(3) 母子保健法

児童福祉法の規定に基づき実施されてきた母子保健施策を一層充実させるため，1965年に母子保健法が公布された．同法は，母子保健の理念を明らかにするとともに，母性並びに乳児・幼児に対する保健指導，健康診査，医療その他の措置を講じ，国民保健の向上を図ることを目的としている．妊娠の届出，母子健康手帳の交付，妊産婦と乳幼児の保健指導，低出生体重児（2,500g未満）の届出，健康診査（1歳6カ月，3歳），養育医療の給付（未熟児へ），母子健康センター等が規定されている．

(4) 子育て家庭に対する三つの手当に関する法律

児童・家庭に対する現金給付としての手当が3つの法律で規定されている．

これらの手当制度は，社会福祉ではなく社会保障制度の一部という位置づけがされることもある．なお，各々の手当には所得制限や細かい対象制限の規定が設けられている．

① 児童扶養手当法

1959年に制定された国民年金法により死別母子世帯に対して母子年金（現在は遺族基礎年金），母子福祉年金が支給されるようになったが，それを受けることができない生別母子世帯の生活を支援するために，1961年に児童扶養手当法が制定された．父と生計を同じくしていない児童について手当を支給す

ることで，家庭生活の安定と自立促進を通じて児童の健全育成を図ることを目的としている．2010年には支給対象が父子家庭にも拡大した．

② 特別児童扶養手当等の支給に関する法律

障がい児を育てる家庭への経済的支援策としては，1964年に重度知的障害児のみを対象として重度精神薄弱者扶養手当が発足する．これは1966年には重度身体障害児まで拡大され，1974年に特別児童扶養手当等の支給に関する法律と改称された．同法により，20歳未満の精神または身体に障害を有する児童を監護している養育者に対して手当が支給される．

③ 児童手当法

子どもを育てる家庭の経済的支援として普遍的な制度である児童手当は，わが国においては，1971年になってようやく法制度化した．2006年から支給年齢が小学校卒業までとなった．対象年齢，第3子への増額もされていたが，所得制限があった．2010年には「児童手当」が「子ども手当」となり，中学生も対象となり所得制限が撤廃されたが，2012年からは，「児童手当」の名称に戻り，所得制限が設けられる．

(5) 児童福祉に関するその他の法律

児童福祉に関して，その他の重要な法律をここで簡単に示しておきたい．

児童福祉法の制定の翌年に旧少年法を全面改正して公布された少年法（1948年）は，少年事件の審判等について規定されているが，児童福祉法の非行少年の措置との関連において理解する必要がある．

子どもの人権を守るための法律として，1999年には，「児童買春・児童ポルノに係る行為等の処罰及び児童の保護等に関する法律（児童買春・児童ポルノ禁止法）」，2000年には，児童福祉法による児童虐待への対応策を補完し強化するため「児童虐待の防止等に関する法律（児童虐待防止法）」が制定された．2001年には，配偶者間の暴力を目の当たりにする児童にとっても重要な意味をもつ「配偶者からの暴力の防止及び被害者の保護に関する法律（DV防止

法)」が制定されている.

その他，少子化対策をまとめた「少子化社会対策基本法」(2003年)，「次世代育成支援対策推進法」(2003年)，自閉症等，発達障害の子ども・成人の教育・自立支援等を目的に作られた「発達障害者支援法」(2005年)，子どもへの教育および保育を一体的に提供する認定こども園を定めた「就学前の子どもに関する教育，保育等の総合的な提供の推進に関する法律（認定こども園法）」(2006年)，現行の保育制度を大きく転換する「子ども・子育て支援法」(2012年) なども近年，成立した.

2 児童家庭福祉の実施体制

(1) 国および地方公共団体

児童家庭福祉施策の全体概況は図1-1のようになっている．日本の児童家庭福祉行政は，国，都道府県・指定都市，市町村の3段階のレベルで実施されている．国レベルでは，厚生労働省雇用均等・児童家庭局を中心に，児童家庭に関する福祉行政全般についての企画調整，指導監督，予算措置等，中枢的な役割を負う．都道府県・指定都市レベルでは，都道府県内の児童家庭福祉事業の企画・予算措置，児童福祉施設の認可・指導・監督，児童相談所・福祉事務所・保健所の設置運営等，市町村を包括する広域業務を担当している．市町村レベルでは，保育所等の設置・保育の実施，妊産婦・乳幼児の保健指導・健康診査等を実施している．市町村の役割は，だんだん大きくなってきている．2004年の児童福祉法の改正では，児童相談への対応が区市町村の役割として法律上明確化さた．都道府県の役割は，専門的な知識および技術を必要とする事例への対応や区市町村への後方支援となった．

2012年から施行された障害児通所支援（児童発達支援，放課後等児童デイサービス，保育所等訪問支援）の実施も，市町村の役割となった．

図1-1 子どもに関わる社会福祉施策の一覧

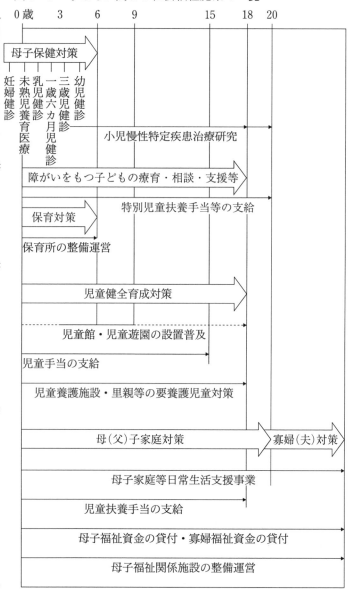

出典:厚生労働統計協会『国民の福祉と介護の動向 2012/2013』2012年 編者が一部改変

(2) 審議機関

　児童家庭福祉に関する施策の方向づけは，国では社会保障審議会が，地方公共団体では児童福祉審議会が行う．都道府県・指定都市・中核市は原則として児童福祉審議会を設置し，市町村（特別区を含む）は任意設置である．児童福祉審議会では，児童，妊産婦，知的障害者の福祉に関する事項を調査審議し，知事（市町村の場合は市町村長）の諮問に答え，関係行政機関に意見を具申する．都道府県知事が児童福祉施設入所等の措置・解除・変更等を行うとき，児童福祉施設の事業停止を命ずるときなどに，児童福祉審議会に諮問をする．児童の芸能・出版物等の文化財の推薦や勧告も児童福祉審議会の役割である．

(3) 実施機関

① 児童相談所

　児童相談所は，各都道府県および指定都市に設置が義務づけられており，2012年4月現在，全国で207カ所設置されている．主な業務は，子どもに関する家庭等からの各種の相談に応じ，専門的な角度から調査，診断，判定を行い，それに基づく指導，児童福祉施設入所等の措置，里親・保護受託者委託を行う他，必要に応じて児童の一時保護等を行うことである．

　児童相談所には，所長をはじめ児童福祉司，心理判定員，医師，児童指導員，保育士等が配置されている．これらの専門職員がそれぞれの立場から診断し，協議により判定（総合診断）を行い，個々の児童に必要な援助指針を作成する．児童相談所における相談援助活動の体系は図1-2のとおりである．児童相談所で受け付けたケースは，受理，判定，援助方針会議等の所内会議を経て援助指針が決定される．

　児童相談所は，福祉事務所，保健所，児童委員，保育所，幼稚園，小中高等学校，教育相談所，医療機関，警察，家庭裁判所等，関係諸機関と連携をはかりながら事業を展開している．ことに，少年非行や親権等の問題に関する司法機関としての「家庭裁判所」との連携については，少年法とのからみで理解を

図1-2　児童相談所における相談援助活動の体系

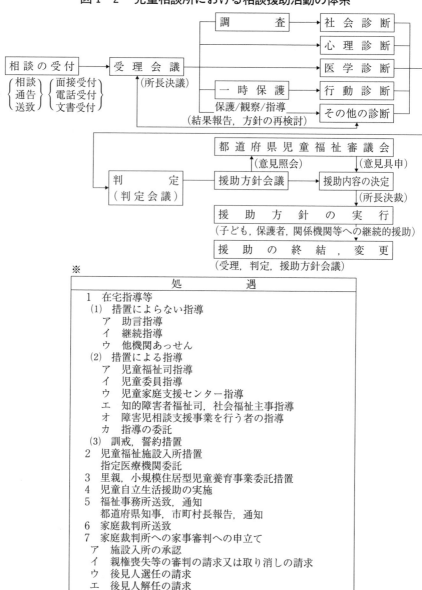

資料：厚生労働省雇用均等・児童家庭局「児童相談所運営指針」
出典：厚生労働統計協会『国民の福祉と介護の動向　2012/2013』2012年，p.216（児童　福祉法の該当条項を削除）

② 福祉事務所

　福祉事務所は，社会福祉法によって都道府県，市および特別区に設置が義務づけられ，町村は任意設置となっている．福祉六法関係の業務を行う社会福祉行政の第一線の総合的機関であり，2012年4月現在，全国で1,249カ所設置されている．児童家庭福祉に関する主な業務は，児童や妊産婦の福祉に関し，必要な実情把握・相談・調査・指導を行うことであり，助産施設・母子生活支援施設・保育所への入所事務，母子家庭等の相談・調査・指導，母子・寡婦福祉資金貸付資金の申請受理等を行っている．専門的判定が必要と認められる場合には，児童相談所等へ送致する．

　さらに，児童家庭福祉に関する相談機能を充実するため，福祉事務所の多くに家庭児童相談室が設置されていたが，近年は，市町村に家庭相談室がおかれることが多くなってきている．

③ 保健所

　保健所は，都道府県，政令で定める市（政令市）または特別区が設置することになっている．2012年4月1日現在，全国で495カ所ある．地域における保健衛生活動の中核的機関であり，衛生知識の普及・指導，未熟児の訪問指導，身体障害児の療育指導，養育医療や育成医療の給付に関する相談や事務等を担っている．

　地域保健法，母子保健法の改正により，1997年4月から母子保健事業が原則として市町村に一元化され，市町村は市町村保健センターを設置し，住民に身近なところで，妊産婦や乳幼児の保健指導，健康診査等の母子保健サービスを提供している．医師，保健師，管理栄養士，薬剤師，精神保健福祉相談員等が相談指導にあたっている．

④ 児童委員・主任児童委員

　児童委員は，厚生労働大臣が委嘱し，民生委員法による民生委員も兼ねており，地域に根ざしたきめ細かな活動を行っている．児童委員の職務は，担当区

域内の児童および妊産婦の生活環境状態を適切に把握し，必要な情報提供・援助・指導を行うとともに，児童福祉司や福祉事務所の社会福祉主事の職務に協力し，福祉の増進を図る活動を行うことである．1994年より，地域における子育て支援活動を強化するため，児童家庭福祉に関する事項を専門に担当する主任児童委員が新たに設置された．2001年には主任児童委員の業務が法定化されている．現在，地区担当児童（民生）委員約21万人，主任児童委員約2万人が委嘱されている．

この他にも，保護司，少年補導員，人権擁護委員，NPOなどの民間機関が，児童家庭福祉の向上のために専門職と連携し，協力している．

(4) 児童福祉施設と職員

児童福祉施設は，児童等に適切な環境を提供し，保護，自立支援，指導，療育等を行うことを目的としている．入所型と通所型に大別され，行政機関による入所措置や利用の実施決定を必要とする施設と，児童や保護者が選択利用できる施設とがある．児童福祉施設の運営は，「児童福祉施設の設備及び運営に関する基準」（各自治体の条例による）に基づいて行われる．入所している児童に適切な支援が行われるよう，処遇原則，施設長の義務，各施設の職員・設備基準等が規定されることになっている．

社会福祉施設等調査によれば，2011年10月1日現在，全国の社会福祉施設に常勤換算で約77万人の従事者がいるが，そのうち7割近くが児童福祉施設に従事している．最も多いのは，保育所であり，約45万人が従事している．

3 児童家庭福祉の費用

(1) 児童家庭福祉の財源

児童家庭福祉の財源は，公費およびこれに準ずる公的資金と民間資金に大別される．公的資金は，法律により公的責任とされている事業や，国・地方公共団体が独自に行う事業を対象として支弁される．国庫の支弁は，地方交付税交

付金と国庫補助金等に大別される．

(2) 費用の負担

児童福祉法では，同法に規定された各種の児童福祉施策を実施するために必要な経費について，その支弁義務者を定め，国，都道府県・市町村等の負担割合を規定している．児童福祉施設の措置費および運営費（保育所・母子生活支援施設・助産施設）の負担割合は表1-1のとおりである．

児童家庭福祉サービスの費用は，国が支弁した場合は厚生労働大臣が，都道府県または市町村が支弁した場合はその長が，支弁した費用の全部または一部を，本人またはその扶養者から，その負担能力に応じて徴収することができる．

表1-1 児童福祉施設の措置費（運営費）負担割合

施設種別	措置権者(※1)	入所先施設の区分	措置費支弁者(※1)	費用負担			
				国	都道府県指定都市中核市	市	町村
児童福祉施設(※3)	知事・指定都市長・児童相談所設置市市長	都道府県立施設 市町村立施設 私設施設	都道府県・指定都市・児童相談所設置市	1/2	1/2	—	—
母子生活支援施設 助産施設	市長(※2)	都道府県立施設	都道府県	1/2	1/2		—
		市町村立施設 私設施設	市	1/2	1/4	1/4	—
	知事・指定都市長・中核市市長	都道府県立施設 市町村立施設 私設施設	都道府県・指定都市・中核市	1/2	1/2		—
保育所	市町村長	私設施設	市町村	1/2		1/4	
	指定都市市長・中核市市長		指定都市・中核市	1/2	1/2	—	—

※1．母子生活支援施設，助産施設及び保育所は，児童福祉法が一部改正されたことに伴い，従来の措置（行政処分）がそれぞれ母子保護の実施，助産の実施及び保育の実施（公法上の利用契約関係）に改められた．
※2．福祉事務所を設置している町村の長を含む．福祉事務所を設置している町村の長の場合，措置費支弁者及び費用負担は町村となり，負担割合は市の場合と同じ．
※3．小規模住居型児童養育事業所（以下，「ファミリーホーム」という．），児童自立生活援助事業所（以下，「自立援助ホーム」という．）を含み，保育所，母子生活支援施設，助産施設を除いた児童福祉施設．
出典：厚生労働省『平成24年版　厚生労働白書』p.198より児童福祉施設のみ掲載

注・引用・参考文献

1) Niel Postman, *The Disappearance of Childhood*, 1982.（小柴一訳『子どもはもういない』新樹社，1985年）
2) 森岡清美・望月嵩『新しい家族社会学・四訂版』培風館，1997年．この定義の解説において葛藤を持つ家族や幸福の多様性への言及がされている．
3) 家族の定義と生産の理論は以下の文献の飯田哲也の論と定義に筆者が若干の変更を加えたものである（『家族の社会学』1976年，ミネルヴァ書房，『家族と家庭―新しい家庭を求めて　第三版』『現代日本家族論　第二版』学文社，2003年）．
4) 牟田和恵『戦略としての家族―近代日本の国民国家形成と女性』新曜社，1996年
5) Friedlander, W. A の規定（遠藤久江編著『講座　私たちの暮らしと社会福祉第2巻子どもの生活と福祉』より引用）
6) 中里操夫他編著『現代社会福祉概論』学文社，2000年．「考橋理論」に基づく，中里の論考を参考にした．
7) 高橋重宏編『子ども家庭福祉論―子どもと親のウェルビーイングの促進』放送大学教育振興会，1998年
8) 菊池俊諦『児童福祉の諸問題について』石川県社会事業協会，1948年，同『児童福祉百題』1971年
9) 生江孝之「社会事業における育児事業の地位」『社会事業』1934年10月
10) 菊池俊諦「保護教育」『岩波講座　教育科学』第6冊，1932年，p.9
11) 小沢一「母性及び児童保護の社会事業立法概観」『教育』第2巻第11号，1934年11月，p.27
12) 内務省社会局『本邦社会事業概要』1922年
13) 以下，「ジュネーブ宣言」，「子どもの権利宣言」，「子どもの権利条約」は教育法研究会訳による（出典は，文献紹介の③）．「世界人権宣言」の日本語版は，Office of the United Nations High Commissioner for Human Rights（OHCHR）による．宣言や条約にある子どもの権利の主体の理念については，権利を自ら行使できない場合でも「権利享有主体」であることと，子どもの権利条約によって明確に位置づけた「権利行使主体」であることとは概念的に区別すべきであると考える．

〈参考文献〉
① 森良和『歴史の中の子どもたち』学文社，2003年
② 森山茂樹・中根和江『日本子ども史』平凡社，2002年

③　飯田哲也『現代日本生活論』学文社，1999 年
④　落合恵美子『21 世紀家族へ―家族の戦後体制の見かた・超えかた　第 3 版』有斐閣，2004 年
⑤　浅井春夫『児童福祉改革と実践の課題―児童福祉・保育の新時代への提言』日本評論社，1998 年
⑥　喜多明人『新時代の子どもの権利』エイデル研究所，1990 年
⑦　児童福祉法研究会編『児童福祉法成立過程資料集成』（上・下），ドメス出版，1979 年
⑧　寺脇隆夫編『続・児童福祉法成立過程資料集成』ドメス出版

先行文献

①　太田素子『近世の「家」と家族子育てをめぐる社会史（角川叢書）』角川学芸出版，2011 年
②　社団法人日本写真家協会編，重松清解説『日本の子ども 60 年』新潮社，2005 年
③　長谷川眞人編著『子どもの権利ノートの検証―子どもの権利と人権を守るために』三学出版，2010 年
④　根ヶ山光一・柏木惠子編著『ヒトの子育ての進化と文化―アロマザリングの役割を考える』有斐閣，2010 年

ルソーによる「子どもの発見」が現代に問うもの

　フィリップ・アリエスは『子どもの誕生』の中で，18世紀まで子どもはいないと述べた．当時子どもが存在していなかったわけではなく，18世紀までの絵画を見る限り，子どもは髪型から服装までおとなと同じ仕様のものを身につけたおとなのミニチュアで「小さなおとな」と認識され，子どもは子どもとしてとらえられていなかったことを意味している．

　こうした当時の子ども観に影響を与えた人物にジャン・ジャック・ルソーがいる．ルソーはエミール少年の誕生から成人するまでの教育論を『エミール』(1762年)の中で展開し，その教育論は子どもを発見したといわれ，「子ども」への認識を大きく転換させる契機となった．ルソーの教育論のポイントは3つある．

　① 子ども時代の固有性……子どもはおとなになるための過程を過ごしているのではなく，子どもはおとなになると経験できない子ども特有の見方，考え方をもち，今を生きている存在である．その子ども時代に豊かな経験をすることが人を豊かにする．しかし，「おとなになると子ども時代の大切さを忘れてしまう.」

　② 子どもには成長に応じた教育が必要性であること……ラ・フォンテーヌの『寓話』(イソップ物語などを含み，処世術，人生の教訓などを記したもの)はこころの教育をする書として幼い子どもの学習に利用されていた．しかし寓話の意味がわからない子どもに暗記や暗誦させても教育にはならない．もし，『寓話』を教材として利用するのであっても子どもが『寓話』の内容がわかり，自分で判断する力がついてからが有用である．つまり教育は子どもの発達に即した内容でなければ意味がなく，教育は子どもの発達に応じて行う必要がある．

　③ 子どもは自ら学ぶ力があること……教育には3種類ある．さまざま

な経験から学ぶ事物の教育・自らの成長・発達によってわかる自然の教育・人間によって与えられる教育である．おとなは子どもに一人前になってほしい，はやくおとなになってほしいと望んでいる．そのためおとなは子どもにおとなになって必要なことを教え込むことを熱心に行っている．しかし，子どもは成長に従い，必要なものは自分自身で身に付けていく．おとな側が一方的に行う人による教育を押しつけることは，子ども自身から湧き起こる気持ちを摘み取り，かえって子どもをだめにしてしまう．子ども自身の自発性を尊重し，事物による教育，自然による教育を受けることが必要である．おとなが子どもにできることは子どもが自分自身で学ぶための環境整備しかないのである．

当時，ルソーの教育論は一部の上流階級への問題提起したものの，多くの庶民に影響を及ぼすには至らなかった．しかしペスタロッチ，フレーベル，ピアジェなど子どもの教育・文化・心理の発展に寄与した人物への影響は計り知れない．

ルソーから3世紀半ば現代日本社会において，子どもは「未熟さ」を強調され，「保護されなければならない存在」としてとらえられている．また子ども時代や子どもの成長・発達の理解，子ども文化の発展など子どもの固有性を念頭に置きながら，子どもに関する研究いいかえれば「おとなが子どもにしてあげられること」への研究が飛躍的にすすんでいる．それは『エミール』の中でいう「人による教育」にほかならない．ルソーが『エミール』を書くきっかけとなったのは子どもの自発性を無視した過剰なまでの「人による教育」への警告であった．子どもの教育・福祉など，子どもに関わるあらゆる分野で，もう一度「ルソーにかえる」という視点が重要となっているのではなかろうか．

参考文献
ルソー『エミール』明治図書，1967年
Jean Jacques Rousseau, *Emile ou de l'education*, 1762.
Philipe Aries, *L'enfant et la vie familiale sous l'Ancien Regime*, 1973.

出川聖尚子（熊本学園大学）

第2章
少子社会における
「子育ち・子育て支援」

保育者として親として―ある保育士の語りから―

　保育園にくるお母さんで，育児書どおりっていう人っていっぱいいるのよ．

　かみつきが長く続く子がいた時，「園ではこういうふうですがご家庭ではどうですか」ってノートに書くと「かみつきは，こうおきて発達段階のこういう意味で……」って本どおりなの．なんかあると本に頼っちゃう人は周りに話す人がいないのかもしれない．

　1人で子育てして悩んでる人は，ほめてくれる人がいないんじゃないかな．だから保育士がほめてあげればいい．子どもは，いくらやんちゃだって必ず1日1回はいいことがあるのよ．「今日は他の子におもちゃあげたんだよ〜」とか．子どものいいところ見つけてお母さんに話すの．そうすると，お母さん，何でもこっちの話聞いてくるようになるの．保育日誌に悪いことばかりずっと書くとお母さんはしゃべらなくなるし，日誌を書いてこなくなるの．だから悪いこと書いても，必ず最後はいいこと書くの．

　私自身，子どもが小さい頃，親やいとこ（姉みたいにつきあっていた）に助けてもらったけど，一番ありがたかったのが，ほめてくれたこと．「お前頑張ってやってるね．大したもんだね．」って．悩みも受け止めてくれた．上のお姉ちゃんが中学校になってから三番目が生まれたの．その頃はPTAでお友だちもできて私も遊びたくなっていたから，恥ずかしいんだけど，もう「子どもはいらない」って言ったの．そしたら，いとこにすっごく怒られた．でもそれで励まされたの．腹が立ったり，いやになったとき，そういう時必ず近くにほめたり助けてくれる人がいたの．

　今は悩みがあるとおとうさん（夫）に話すの．何でも．それでほっとする．仕事やめようかって悩んだ時も，おとうさんに相談したの．そしたら，自分がその仕事すきかどうか考えろっていわれて，そしたら，やっぱり，園の子かわいいわって，続けることにした．子どもってかわいいよ．自分の子を育てた時より．私，年をとっても体が動く限り保育士を続けようかなって思う．自分の孫は育てない．自分の孫になると，子育ての最初の頃

> みたいに異常なほど気を遣うんじゃないかって，お嫁さんにもきつくなっちゃうんじゃないかって思うの．だから人の子を育てるほうがいいの．
>   年とっても体が動く限り，この仕事続けたいわ．うちの子が入った保育園に夕方になると近所のおばあちゃんが来ていたの．お迎えが来るまで，みんなの集まる部屋にいつも座って，にこにこして赤ちゃんを抱っこしたり，ただ居るだけなんだけど．そうすると周りには子どもたちが寄って来るんだよ．小ちゃい子っておばあちゃんが大好きなの．あんなふうに齢とって小さい子に囲まれているって幸せだよね．
>   私もう一度生まれてきても，保母してるかもしれない．[1]

　事例は，自身が子育てに疲れたり，悩むこともあった保育者が，日々の保育の中で，若い親たちを受け止めている様子を語ったものである．

　生まれる子どもの数が年々，減っていく〈少子化〉が進行する今日，少ない子どもの子育ては，ゆとりを持ってできると思いきや，逆に経済的・精神的負担を感じる親が少なくないという．また，少子化にもかかわらず，乳幼児期の子育ち・子育てを支援する保育へのニーズは拡大するばかりである．ものごとが逆転した結果をうむかのような少子社会，さまざまな社会のねじれが，子どもや子育て家庭に押し寄せているのであろうか．

　本章では，少子社会における「子育ち・子育て困難」の実態と，少子化対策との関わりで展開されている施策について学ぶ．少子化対策が始まった当初は国の最初の取り組みが「エンゼルプラン」とよばれたように，乳幼児期の子育て支援が中心であった．近年，政策の方向に変化がみられるが，本章では，エンゼルプランの時期から対策の中心であった保育制度に焦点をあて課題を考える．なお，一般に「子育て支援」という言葉が用いられるが，筆者は，子ども当事者を視野に入れた「子育ち・子育て支援」という言葉を用いる．

① 少子化と子育ち・子育て困難

1 少子化の動向と視点

　わが国において，一人の女性が産む子どもの数の推計値，合計特殊出生率が，はじめて1.3をきったのは2003年のことである．ちなみに，この数値が2.07未満になった時，その国の人口は減っていくという．

　この合計特殊出生率は，2003年に1.29となったあと，2005年度に1.26と最低の数値を記録した後，2006年には持ち直して1.32となったが，この数値が今後，大幅に上昇するとは考えにくい．1年間に生まれる子どもの数も年々減少し，1950年代に200万人を超えていたものが2012（2011）年には103万3,000人と半減，総人口に占める年少人口（15歳未満）の割合は，50年前の3分の1，13.1％となっている．

　1990年に，合計特殊出生率が戦後最低の数値を示したことから，1.57ショックという言葉が使われて以降，将来の社会保障・経済等への影響が危惧される中，国レベルでさまざまな〈少子化対策〉が打ち出されてきた．

　〈子どもを産み育てやすい社会づくり〉をめざして進められている少子化対策であるが，少子化の要因については，子どもを産む以前の課題，未婚化・晩婚化の進行が指摘されてきた．いわゆる「結婚適齢期」の未婚率の急速な上昇である．20歳代後半の女性の未婚率は，1975年までは20％前後で推移していたが，2010年には60.3％に，また男性については，20代後半では48％から71.8％に，30代前半でも14％から47.3％へと高まっている．

　晩婚化・未婚化は，結婚して新たな家庭を作ることを「選ばない」層が拡大しており，若い世代の「家庭観」「子どもを持つことの価値観」自体が変化しているともいわれている．乳幼児を育てているはずの20～30歳代は，〈少子化〉の進行の中で育っている．ベストセラー『負け犬の遠吠え』（酒井順子，講談社，2003年）からは，若い女性たちの中に，現在の生活と引き換えに結婚・

子育てを選ばない，生活のためには結婚・子どもを要しないという意識がうかがえる．

他方，独身貴族，パラサイトシングルといった言葉で，家庭を持たない若者が身勝手だと評されたこともあったが，実際は生活が苦しいために独り立ちができないという調査結果もある．最近の雇用環境の変化，高い失業率などがその背景にあるといわれている．

そして，最近増えている「できちゃった婚」のように，子どもを産むことと結婚が深く結びついていることと，少子化とも関連があるのかもしれない．婚外子の割合は，欧米のそれと比べ，きわめて低い[3]．晩婚・晩産は，女性の身体的負担から，おのずと子どもの数が制限されることになる．

近年は，夫婦の出生力そのものの低下が進んでいることも確認された．

ところで，少子化は1990年代にはじめて生じた現象ではない．戦後まもない第1期ベビーブーム以降，出生率は急激に下がっている．この時期には「少なく産んでよく育てる社会」への転換のために，より確実な避妊技術を用いた家族計画が推奨された．1948年に優生保護法が成立した後は，人工中絶もふえている．一家庭の平均子ども数は戦前の4～5人程度から，2～3人に移行した．この時期の少子化は，産業構造の変化に伴う多産多死から少産少死社会へ移行を示す現象であった[4]．

1997（平成9）年には年少人口と高齢人口の数が逆転する．いわゆる「少子化社会」から確実に「少子社会」なったわけである．少子化問題への政策的な関心は，先行していた高齢化問題に迫る勢いで高まってきた．

> 我が国における急速な少子化の進展は，平均寿命の伸長による高齢者の増加とあいまって，我が国の人口構造にひずみを生じさせ，二十一世紀の国民生活に，深刻かつ多大な影響をもたらす．我らは，紛れもなく，有史以来の未曾有の事態に直面している．……もとより，結婚や出産は個人の決定に基づくものであるが，こうした事態に直面して，家庭や子育てに夢を持ち，かつ，次代の社会を担う子どもを安心して生み，育てることができる環境を整備し，子どもが等しく育ち，子どもを生

み，育てる者が真に誇りと喜びを感じることができる社会を実現し，少子化の進展に歯止めをかけることが，今，我らに，強く求められている（「少子化社会対策基本法」の前文の一部抜粋）．

2003年成立した少子化社会対策基本法の前文には少子化への危機感があらわれている．文中の「もとより，結婚や出産は個人の決定に基づくものであるが」という文言は，「子どもを産むという私事への国家的介入は問題である」とする，同法案への異議申し立てを受けて挿入されたものである．「産めよ育てよ国の為」（1941年　人口政策確立要綱）といった戦時下を想起させられるようだ．

実は少子化に関する論議は少数派のそれを含み，多様である．

少子化と子育て支援の課題を考えるためにも，多岐にわたる〈少子化〉論争をおさえておくことが必要である．たとえば，少子化は生物学的にみると，ヒトが生きものであるということを放棄しつつある兆しであるととらえ，現代社会におけるライフスタイルの変革を提案する論者もいる．少子化・人口減少は，産業が一定段階に達した「成熟」社会・先進諸国においては避けることができない現象であり，環境・食糧問題の視点からは望ましいとする論者もいる（川本敏編『論争・少子化社会』中公新書ラクレ）．少子化問題を日本という一つの国の，将来的な人口・経済・社会保障・福祉システムの問題という，重要ではあるが狭い見方をこえて，さまざまな観点から考察することによって，私たちの社会が進むべき方向が示唆される．

2 少子社会における「子育ち・子育て困難」

結婚や出産・育児を困難にしている社会経済的・心理的な制約要因が，子どもが育ちにくい社会的環境の深まりであるとすると，「少子化問題」は子どもの福祉が阻害される条件をはらんだ「子育ち・子育て困難」という「児童家庭問題」（「生活問題」の一形態）の拡大を意味する．「児童家庭問題」は，乳幼児期を中心とするマルトリートメントや子ども自身が抱えるさまざまな問題行

動としても現象化する．

　少子化に伴って「子育ち・子育て困難」が深刻化している要因はどこにあるのであろうか．ここでは共働き世帯の増加，地域社会・社会規範の変化，子育て期の経済的・心身の負担といった三点から考えてみたい．それらの要因は実は並列的にあるのではない．大きな社会・経済的な構造の中での整理が必要である．

(1) 共働き世帯の増加

　近年，少子化にもかかわらず保育所待機児童がいっこうに減らない情勢には，共働き世帯の〈一般化〉があるといわれている．専業主婦が減り，共働き世帯が普遍化しているのである．

　女性の就労の増加については，女性の高学歴化・意識の変化が強調されがちである．けれども，そこには，産業界の女性労働力に対する期待と要請とともに，産業の高度化がもたらした消費社会の進行が背景にある．現代の生活環境では，男性の一人働きで家族を「養う」ことが困難になっているのである．さらに，サービス産業の拡大等によってもたらされた就労形態の多様化や，住宅の郊外化による通勤時間の延長などが，「保育需要の多様化」をもたらしてきた．

　といっても，出産を機に離職して一旦仕事をやめる女性は多い．女性の労働力率が出産子育ての年齢層をボトムとするM字型カーブを描いていることがそれを表している．ところがM字の底は上昇し，台形に近づきつつある．未婚化・晩産化の影響もあるが，経済の低迷や日本的な雇用慣行が揺らぐ中での生活不安は，子どもを預けて働くことを希望する共働き世帯を増加させている．

　ただし，男性に比べて短時間雇用者の割合が高い．子どもを持つ女性の就労は男性並みのフルタイム労働と，パートタイム労働に二極化して進んできている．キャリアをとるか，仕事か結婚・出産のあとパートタイムか，というほとんど二者選択の余地しかない女性の生き方が，少子化の大きな要因の一つなの

である.

(2) 地域社会・社会規範の変化

　結婚すること,子どもを生むことに関して「世間の目」や「跡継ぎ」などといった社会規範の縛りから自由になった〈少子社会〉は,同時に,地域共同体や親族といった,子育てを支えていたインフォーマルなネットや知恵の伝承が失われていく社会でもあった.

　同時に地域では,他人と親密な関係を結びたくないという若い世代もふえている.代わって登場したのが,情報化社会におけるバーチャルな人間関係である.インターネットの中の井戸端会議は乳幼児を連れて外に出にくい子育て中の親にとっては強い味方になる.バーチャル井戸端会議は匿名でも向かい合うことができる気楽さがあるが,そこには互いの子どもを連れては入り込めない.

　子どもに関わった経験の少ない〈少子社会〉育ちの親たちが,子育ての経験が深まる前に子どもを産み終えることで,〈経験の知〉は不足する.あてにできるのはホームページや育児雑誌などから提供される大量の〈情報の知〉である.不足と過剰は〈ほどよい〉子育てをむつかしくする.

　「熱がありますが,子どもが『行きたい』と言うので連れて来ましたが,どうしたらよいでしょう?」と,全て人まかせ.／「雨の日は長靴をはいて来てもいいのでしょうか」というような,えっと思うことまで聞いてくる.／好きなときに好きなものを食べ,そしゃく力もなく,園の食事にも時間がかかっている.親に相談しアドバイスをしようとするが,「うちの子は食べなくていいです」と答えられてしまった.／休日に遊びに行き,子供を連れまわし疲れさせてしまう.／夜遅くまでテレビを見ていて,子供が寝るのが11,12時にもなってしまう[5].

　ここにあげた事例は保育者がしばしば出会う親の姿であり,特殊ではない.親が支えられながら親として成熟していく環境が整っていないのである.現代社会がかつての時代にあった子育て文化に代わるものを構築しえていないという問題もあると考えられる.

(3) 子育て期の経済的・心身の負担

　全国的な調査において，子育ての負担として最も高いものが「子どもの将来の教育にお金がかかること」となっている．子育て費用の高まりは，子どもの数を制限する要因として大きい．高度な産業社会は，技術革新や専門性に適応できる質の高い労働力を求めるために教育期が長期化する．終身雇用制の崩れは，企業内での教育費用の削減が伴い，教育費の自己（親）負担はさらに高まる．男性は経済的負担を重く感じ，女性は身体的・精神的負担，時間的拘束を重く感じているという国の調査結果からも，子育ての負担にはジェンダーバイアスがあることがわかる．

> 「生まれてきた子どもには，それは力の限り愛情を注ぎ，また，命を引き替えにしても守りたいと思います．まだ何もしゃべれないのだから，泣いて要求するときは抱いて話しかけています．自分は食事を抜いてでも，子どもの3食はなるべくバランスのとれた，おいしいものを手作りしています．でももうクタクタです．空が青いことや，雲が流れること，自分に影がついていることすら，忘れかけていました．何かを始めなければ自分でなくなっていきそうです」（プチタンファン編集部編『読んでくれてありがとう』婦人生活社，1996年から）

　それまでの生活と一転して，息のつまるような，24時間子どもと向き合う乳幼児期の子育て．共働きの母親よりも「専業主婦」のほうが子育てのストレスを高く感じている．家事が省力化され，少ない子どもの事だけに向き合う生活は，子沢山で母親が朝から晩まですわることもできなかったかつての時代とは比較にならないほど「楽」なはずなのに，心身の負担が重い，そう感じるという親たちが少なくないという現実がある．

2 少子化対策と「子育て支援」

1 エンゼルプランから「子ども・子育てビジョン」まで

　これまでみてきた少子化の背後にある子育ち・子育て困難に対して,「子育て支援」はどのように進められてきたであろうか.

　子育ての私的責任が強調されがちだった 60 年代(1963 年,中央児童審議会中間報告『保育問題をこう考える』)とは一転して,1990 年以降,中央レベルの懇談会等の提供するデータや理論に沿って「子育て支援」にまつわる少子化対策が次々に打ち出されていく.

(1) エンゼルプランの登場から新エンゼルプランの策定へ

　この時期になってはじめて,「子育て支援」という言葉が表舞台に登場した. 90 年代以降の各種の報告書をふまえて 1994 年にだされたのが,「今後の子育て支援のための施策の基本的方向について(エンゼルプラン)」(文部・厚生・労働・建設4大臣合意)である.その中では基本的方向として ① 子育てと仕事の両立支援の推進, ② 家庭における子育て支援, ③ 子育てのための住宅と生活環境の整備, ④ ゆとりある,教育の実現と健全育成の推進, ⑤ 子育てコストの軽減が示された.同時にエンゼルプランの具体化の一環として,「当面の緊急保育対策等を推進するための基本的考え方(緊急保育対策等5か年事業)」(大蔵・厚生・自治大臣合意)が策定された.

　エンゼルプランの理念は,以降の施策にも共通するものばかりである.具体的な施策としては,この時期は保育施策の充実を通した,子育てと仕事の両立支援に重点がおかれた.翌年には地方版エンゼルプラン策定を促す「児童計画策定指針」が出されているが,策定した市町村は 3 割程度にとどまっている.

　1997(平成 9)年には,少子化の要因,影響などを総合的にまとめた報告書「少子化に関する基本的考え方について」(人口問題審議会)が発表される.

この報告書をふまえ1999（平成11）年に国は「少子化対策推進基本方針」（少子化対策推進関係閣僚会議）を策定．その具体的計画として，同年たてられた計画が新エンゼルプラン「重点的に推進すべき少子化対策の具体的実施計画について」（大蔵他6大臣合意）である．新たなプランでは，保育の位置づけは高いが，総合的な計画として，2004年度までの数値目標が明記された．ここにきて「少子化対策」という言葉が明確に打ち出され，少子化対策に取り組む省の拡大と共に数値目標が全体にわたって盛り込まれることになった．

(2) 「少子化対策プラスワン」から「子ども・子育てビジョン」まで

2002（平成14）年，少子化の要因として，これまでの晩婚・未婚に加えて「夫婦の出生力（夫婦の完結出生児数）そのものの低下」の進行がみられるという指摘（「日本の将来推計人口」）をうけて，「少子化対策プラスワン―少子化対策の一層の充実に関する提案」（厚生労働省）が発表される．翌年，「次世代育成支援に関する当面の取り組み方針」（少子化対策推進関係閣僚会議）を経て「次世代育成支援対策推進法」が成立し，企業の役割を具体的に示したという点でこれまでの方策より一段と踏み込んだものになった．従業員が300人を超える企業および特定事業主（国・地方公共団体）には，育児休業の取得促進などの「事業主等行動計画」が，市町村には「地域行動計画」（1期5年）の策定が義務づけられた．

同法と，対（つい）のごとく制定された少子化社会対策基本法（2003年）では，急速な少子化に対処する施策の基本理念を明らかにするとともに，国および地方公共団体の責務，少子化に対処する施策の基本となる事項等が定められた．

この少子化社会対策基本法に基づいて成立したのが，少子化社会対策大綱（2004年）である．「大綱」には，内閣を挙げた取組体制整備，毎年のフォローアップ，ライフサイクルの各段階に応じた施策を有機的に組み合わせていくことの必要性などが示された．続いて，「大綱」の具体的実施計画として「子ども・子育て応援プラン」（「少子化社会対策大綱に基づく重点施策の具体的実施計画につ

いて」）が発表され，2005年から2010年までの5年間の具体的な施策と目標が盛り込まれた．2005年には，総人口が減少に転じ，出生数，合計特殊出生率，共に過去最低を記録する中，少子化対策の抜本的な拡充，強化，転換のため，2006年，少子化社会対策会議において「新しい少子化対策について」が発表された．これは"家族・地域のきずなの再生や社会全体の意識改革を図るための国民運動の推進"や"すべての子育て家庭を支援する"という視点から，「妊娠・出産～高校・大学生期ごとの子育て支援策」を掲げたものであった．2007年には同会議で「子どもと家族を応援する日本」重点戦略が取りまとめられ，これを踏まえ，2008年，「新待機児童ゼロ作戦」が発表された．2009年には，内閣府に立ち上げられた「ゼロから考える少子化対策プロジェクトチーム」が提言「"みんなの"少子化対策」を発表している．

そして，2010年，「子ども・子育てビジョン」が閣議決定された．このビジョンは，"子どもが主人公（チルドレン・ファースト）"という考え方の下，これまでの"少子化対策"から"子ども・子育て支援"へと視点を移し，社会全体で子育てを支えるとともに，"生活と仕事と子育ての調和"をめざすために，「安心できる妊娠と出産」「潜在的な保育ニーズにも対応した保育所待機児童の解消」「社会的養護の充実」「地域の子育て力の向上」「男性の育児参加の促進」「子育てしやすい働き方と企業の取組」等に関する施策について，5年間をめど（2014年度）に数値目標を掲げ，定期的に進捗状況を点検・評価，必要な見直しを行うこととされた（図2-1）．

2 「子育て支援」の諸施策

子どもの健全な育成のための公的な家庭への支援を子育て支援ととらえると，子育て支援としては，以下のものに整理することができる．

(1) 経済的支援

子育て家庭に対する現金給付や，税の控除は直接的な経済的支援のシステム

第2章　少子社会における「子育ち・子育て支援」　53

図2-1　少子化対策を中心とした国の取り組みの推移

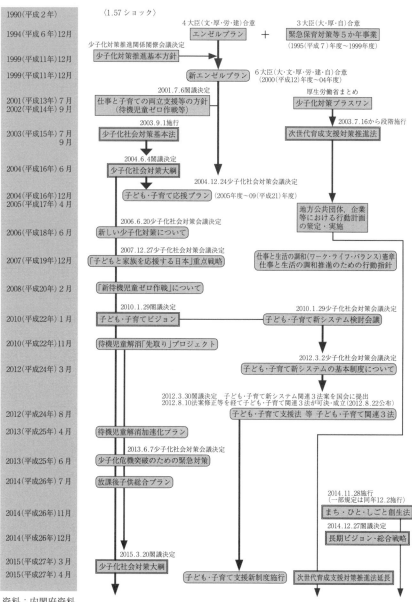

資料：内閣府資料
出典：内閣府『平成27年版　少子化社会対策白書』より

である．現金給付としては，まず子育て家庭への普遍的な制度である児童手当制度をあげることができる．母子，父子家庭を対象とする児童扶養手当，障害児家庭を対象とする特別児童扶養手当もある．

各自治体の施策として実施されている制度として，医療費の助成がある．3歳未満，小学校就学前の医療費の自己負担分が公費負担となる自治体が多いが，最近は，小学校就学以降まで拡大している自治体もふえてきている（第1章第3節参照）．

(2) 母性保護と社会保障

妊娠から出産，子育てに関して，女性が働いている場合は，一定の保護規定がある．これらは基本的には労働政策や社会政策の領域にあるが，広い意味での社会的な子育て支援と考えることもできる．

雇用されている女性が妊娠した時には時間外・休日労働・深夜業等に関する保護，産前産後休暇の期間，育児時間の請求が認められている（労働基準法）．出産時には出産一時金，育児休業中の育児休業給付および社会保険料の免除などが社会保険制度で規定されている．

育児休業については，子どもが1歳に達するまでに取得できることが「育児休業，介護休業等育児または家族介護を行う労働者の福祉に関する法律（育児休業・介護休業法）」で規定されている．同法には，子どもが小学校に入学するまでの時間外労働・深夜業の制限，勤務時間の短縮，看護休暇の規定もある．2004年の法改正で，契約社員・派遣社員・短時間労働者についても一定の条件のもとで育児休業が取得できること，特別な事情があれば1歳6カ月まで延長できること等が加えられた．公務員は2003年度から3歳まで取得できることになっている．父母いずれであっても取得できるが，父親の取得率はきわめて低い．2010年の改正では，「パパ・ママ育休プラス」として，母（父）だけでなく父（母）も育児休業を取得する場合，休業可能期間が1歳2カ月に達するまで延長されることになった．

(3) 母子保健事業

母子保健法では妊娠の届け，母子手帳の交付，1歳6カ月児健康診査，3歳児健康診査などが規定されている．その他，市町村では両親学級，乳児検診，妊産婦検診，育児学級，育児・発達相談なども実施されている．

母子保健ビジョン「健やか親子21」（2000年，厚生労働省）の目的の一部にも「国民が安心して子どもを産み，ゆとりを持って健やかに育てるための家庭や地域環境作り」がかかげられた．

(4) 児童福祉法における子育て支援

児童福祉法に基づく事業，施設等は，子どもの福祉，いわば「子育ち支援」のために規定されているが，同時に家庭，親を支援する役割も持っている．1997年の児童福祉法改正では，児童福祉施設として児童家庭支援センターが新設され，施策体系において家庭，子育て支援の機能を強める方向が打ち出された．2004年の児童福祉法改正では，「子育て支援事業」が法の項目に明記された．この改正で放課後児童健全育成事業や保育所等における地域の子育て家庭への支援事業等はこの事業の一つとして位置づけられることとなった．2008年には，子育て支援事業として，乳児家庭全戸訪問事業（生後4カ月までの全戸訪問事業），養育支援訪問事業（子育てに対して不安や孤立感等を抱えたりさまざまな原因で養育支援が必要となっている家庭を訪問し，育児・家事の援助または保健師等による具体的な養育に関する指導助言等を行う），地域子育て支援拠点事業，一時預かり事業が法定化された．

児童福祉施設の中で，最も数が多く，子どもの保育だけではなく，子育て家庭支援の機能が期待されているのが保育所である．次節では保育に焦点をあてて，制度の実態とその動向をみていく．

③ 「子育ち・子育て支援」の中核としての保育

児童福祉法施行当時，施設数1,476カ所，入所児童数13万5,503人であっ

た保育所は，2012（平成24）には，23,711カ所，217万6,802人と施設数，入所児童数ともに15倍にもなる増加である．親の就労によって「保育に欠ける乳幼児を保育する」ことを目的として設立された保育所は，労働政策を補完するとともに，集団保育を通じて，乳幼児期の子どもの健やかな育ちを促す，養護と教育の機能を持つ施設である．近年は子育て家庭の支援の機能も重視されるようになってきている．

　少子化の進行により，入所児・施設数が減った時期もあったが，入所児童は1994年から施設数は2000年から再度増加に転じた．毎年入所枠を広げられているにもかかわらず，待機児童数が解消することがなく，毎年2万人を超えるというのが最近の状況である．2001（平成13）年の閣議決定「仕事と子育ての両立支援の方針について」では，保育所，保育ママ，自治体単独施策，幼稚園預かり保育等を活用し，2004年度までに15万人の受け入れ増をはかるという「待機児童ゼロ作戦—最小コストで最良・最大のサービスを—」が提唱された．また，待機児童が急増している市町村は「保育計画」を立てなければならないとする内容が2004年の児童福祉法改正にもりこまれた．その後も図2-1のような少子化対策の中で待機児童対策が進められてきたが，2012年に待機児童対策と連動しつつ，現行の保育制度を大きく転換する「子ども・子育て支援法」が成立した．まずは保育の成り立ちと制度の現状を見ていきたい．

1 保育施策のあゆみ

(1) 明治から昭和戦前期

　保育所は，戦前においても数は少ないが，託児所などという名称で存在した．明治期に作られたものは，新潟静修学校附設託児所（1890年），二葉幼稚園（1900年）に代表されるように，貧困家庭や子守児童の救済策といった性格を持ったものが多かった．ただし明治末期で全国でわずか15カ所にすぎなかった．その他工場付設託児所も各地につくられていく．大正時代にはいり都市における貧困問題が深刻化し，大阪や東京，神戸などで公立託児所が設置されていく．

また社会事業法が制定されるにあたって託児所は社会事業施設として位置づけられている．そのほか寺社や学校施設を使って短期間実施される農繁期託児所も国や地方行政の奨励によって大正期以降，開設が進む．今日の保育所と比べものにならないほど貧しい環境であったが，親の生活を支えるとともに，子どもの命を守り成長を育む営みが築かれていたこと，同時に戦時託児所に典型的にみられるように，国策の一環として機能していたことが当時の資料からもうかがうことができる．一方，保育所と同じように幼児期の子どもを対象とする幼稚園は，戦前も戦後も就学前の幼児教育機関として発展しているが，戦時体制下では託児所と同様に戦時託児所へきりかえることを余儀なくされたこともあった（『見る山梨県保育史』山梨ふるさと文庫，1998年）．

(2) 保育制度の確立から保育ニーズの拡大へ

児童福祉法の制定（1947年）によって，児童福祉事業として新たに出発した保育所は，1960年代以降の高度経済成長期，急激にその数を増していく．経済の発展は母親の労働力を必要とした．「ポストの数ほど保育所を」という保育運動の高まりもあった．保育運動の一環として保育所不足を補うために作られた共同保育所の中には，施設・設備は不十分であっても，子どもの成長・発達にとってよりよい保育目指して保護者との共同で運営しているところもあった．保育所不足に対して，「保育ママ」「家庭福祉員」「保育室」などという，独自の制度を作り，基準を定めて補助をする自治体もあった．

1980年代にはいって，オイルショックを契機とする経済の低迷や産業のサービス化・情報化は女性の働き方を多様にしていく．しかしながら，公的保育はこの頃までは長時間保育・夜間保育・低年齢の保育などに消極的だった．代わって，それらのニーズの受け皿として，長時間・夜間・宿泊保育，さらには24時間保育も行う，いわゆるベビーホテルといわれるような施設を含み，個人や企業が設立する無認可保育所が急増していく．子どもにとっては必要悪としてこれまで取り上げられることのなかった「多様な保育サービス」が公的保

育に組み入れられていくのは，無認可施設での乳幼児の死亡事故が多発し，劣悪な環境が報道された後であった．1981（昭和56）年には，当時も今も数は少ないが，夜間保育を行う認可保育所の開設が認められた．「乳幼児の福祉を最優先する立場からは保育時間を大幅に延長し，特に夜間にまで及ぶような長時間保育を，公的な制度として広く一般化し，推進することは，これを奨励する意味にもつながり，……家庭の育児に対する意欲と努力を減退させる結果を招くことにも懸念されるので，慎重に対処しなければならない」（中央児童福祉審議会保育部会　答申，1973年）という考え方が政策の背景にあった時期からすれば驚くべき政策転換であった．

　この時期，企業による保育は「保育の商品化」であって，子どもの人権侵害を起こして当然であるという論調が少なくなかったことにも留意しておきたい．

⑶　「保育制度改革」以降

　1997（平成9）年児童福祉法の改正において，保育所を保護者が選んでから市町村に申し込む方式がとりいれられた．法の条項も「保育の措置」から「保育の実施」へとかわった．この改革によって利用者（保護者）の選択権が明確に規定されたが，これまでより，公的責任は後退したという見方もある．他方，法の語句が変わったとしても保育における措置制度はなくなっていない，という考え方もある．この改訂で，保育料も所得に応じた応能負担から年齢に応じた応益負担へと変更されることとなった．ただし，実際は，保育料の階層区分の整理統合にとどまった．利用者の選択のために，自治体による保育の情報提供，保育所の情報提供の努力規定も盛り込まれた．なお，措置制度の「見直し」についてはすでに1994年の厚生省主催「保育問題検討会」で検討されていたが，措置制度廃止への反対意見が多く，この時は「見直し」がなされなかったという経緯がある．

　2000年に入ってからは，保育における規制緩和，民間の活用が促進されてきた．2006年に「就学前の子どもに関する教育・保育等の総合的な提供の促

進に関する法律（認定こども園法）」がつくられ，教育と保育を総合的に実施する「認定こども園」制度が創設された．2008年から，保育所における保育を補完するものとして「家庭的保育事業」が児童福祉法に盛り込まれ，2010年から施行された．2012年には子ども・子育て支援法が成立し，同法に関連する改正児童福祉法，改正認定こども園法も成立した．

2 保育サービスのしくみ

(1) 公的保育制度のしくみ

公的保育制度とは，運営費に対して公的補助金をうけながら，一定の基準で設置運営している児童福祉法に基づく公立保育所，認可保育所の事業をさす．
① 保育所の設置：市町村以外のものが保育所を設置する時は都道府県（指定都市，中核市）の認可を受けなければならない．民間が設置する場合，原則として社会福祉法人とされていたが，2000（平成12）年からは，企業，NPO法人なども設置も認められ，2003（平成15）年には公立保育所の運営業務の委託先の制限が撤廃された．地方公共団体の所有する建物を民間へ貸与または譲渡による設立も可能となった．その結果，公立保育園を減らす市町村が増加している．
② 保育所の設備等の条件：保育所の設備等の基本的な事項は「児童福祉施設の設備及び運営に関する基準」で規定されている．1999（平成11）年からは小規模保育所の定員要件が引き下げられるとともに，不動産の自己所有制限の緩和，公立学校の余裕教室の活用等が認められた．

保育所定員については1999年度から，年度当初10％増，途中入所には定員の25％増まで受け入れることが認められたが，2000年には最低基準を満たしているという条件でその枠も超えた受け入れが認められることとなった．

保育内容については，保育所保育指針において年齢，領域別に具体的に示され，同時に，幼稚園教育要領との整合もはかられている．
③ 職員について：保育士の配置基準は，対象児童の年齢ごとに，「児童福祉施

設の設備及び運営に関する基準」で定められている．保母から保育士への改称が1999（平成11）年に行われた後，2001（平成13）年には児童福祉法に保育士資格が規定された．任用資格から名称独占資格となった．守秘義務や登録，保護者の相談・助言のための知識・技能の修得努力義務等も規定された．保育士養成課程においても，家族援助論，社会福祉援助技術など，子育て支援に関わる科目が加えられた．

　1988年からは職員の定数2割以内の短時間保育士の導入が認められ，2002年からは，常勤保育士が1組（1グループ）に1名以上（乳児を含む時は2名）の配置以外は，短時間保育士を充てることができるようになった．

④ 保育所の財源：保育所の運営費は，子どもの給食費など，子どもに直接必要な「事業費」と，職員の人件費などの「事務費」をあわせて，一人にかかる費用を「保育単価」として，人数にあわせて算定される．保育単価は地域によって少しずつ異なる．運営費は国・都道府県・市町村がそれぞれ分担する．保護者からは所得に応じて規定されている国の徴収基準をもとに，市町村で決めた保育料を徴収されることとなっている．

　2004年には財政負担のしくみが変更され，公立保育所の運営費については国の運営費への補助がなくなった．その分，国から市町村に一般財源として税が移譲された．

⑤ 保育所の第三者評価：「サービスの質の評価を通して利用者に良質なサービスを提供する」ことが社会福祉法（2000年）に規定されたことを受け，保育所の第三者評価が制度化された．2002（平成14）年国の児童福祉施設における福祉サービスの第三者評価事業の指針を経て，本格実施が始まった．

⑥ そのほかの保育事業：休日・夜間保育事業，病児・病後児保育事業などは，特別保育事業等推進施設助成事業として，実施されている（2012年）．

(2) 認可外保育施設

　認可外保育事業とは，児童福祉法に基づかない保育事業である．国の特別な

制度による補助や財団等を通じて支援を受けているものもある．それ以外のほとんどのものが，無認可保育所とよばれていた時期もある．

① へき地保育所：1961（昭和36）年度に創設され，国の特別な補助のもとで離島，山間へき地で小規模な施設として開設されている（2011年，529カ所）．

② 事業所内保育施設：企業が設置し，企業の雇用者の子どもを預かる施設で，1978（昭和53）年度から整備や委託に要する経費の助成がされている．最近は，地域へ開放する施設もある（2010年，630カ所に助成）．

③ 自治体独自の助成を受けた保育所：自治体が基準を設け，助成する保育園は以前からあったが，近年は東京都の認証保育園のように「企業の経営感覚の発揮により，多様化する保育ニーズに応えることのできる新しいスタイル」のものも登場している．

④ 個人，民間企業経営の保育：2001年には認可外保育施設指導監督の指針が策定された．同年の児童福祉法改正において届出制の導入，運営状況の定期報告の義務付け，改善勧告等の法定化，保護者への情報の提供が規定された．認可外保育所のうち，「ベビーホテル」は，夜8時以降の保育，宿泊を伴う保育，一時預かりのいずれかを常時運営しているものとされ（1,709カ所），立ち入り調査による改善指導に応じない施設も少なくない．その他の認可外保育施設の数は5,870カ所である（2011年3月31日現在の厚生労働省調査）．ベビーシッター業も認可外保育に含めることができる．

(3) その他の保育関連施策

市町村が運営し，会員相互が時間単位の低廉な保育料で預けあう，「ファミリーサポートセンター」がある．2011年には全国の669市町村が実施している．2009年からは病児，病後児，夜間等の緊急時対応をする事業である「病児・緊急対応強化事業」も加わった．「病児・緊急対応強化事業」を実施している区市町村は，2011年，106か所となっている．このシステムは新エンゼルプランにおいて創設されることとなってから，仕事と子育ての両立支援策の一

つとして2001年に閣議決定され,国の助成が始まり,年々,実施する自治体が増えている.

(4)「子ども・子育て支援新制度」のスタート

「子ども・子育て支援法」,「就学前の子どもに関する教育,保育等の総合的な提供の推進に関する法律の一部を改正する法律」,「子ども・子育て支援法及び就学前の子どもに関する教育,保育等の総合的な提供の推進に関する法律の一部を改正する法律の施行に伴う関係法律の整備等に関する法律」という子ども・子育て関連3法は2012年に成立,2015年に施行された.これらの法律の施行によって「子ども・子育て支援新制度」がスタートした.

これによって,これまでの「保育制度」のしくみは,大きくかわった.

表2-2　子ども・子育て関連3法(平成24年8月成立)の趣旨と主なポイント

◆3法の趣旨
自公民3党合意を踏まえ,保護者が子育てについての第一義的責任を有するという基本的認識の下に,幼児期の学校教育・保育,地域の子ども・子育て支援を総合的に推進

◆主なポイント
○認定こども園,幼稚園,保育所を通じた共通の給付(「施設型給付」)及び小規模保育等への給付(「地域型保育給付」)の創設
　＊地域型保育給付は,都市部における待機児童解消とともに,子供の数が減少傾向にある地域における保育機能の確保に対応
○認定こども園制度の改善(幼保連携型認定こども園の改善等)
　・幼保連携型認定こども園について,認可・指導監督の一本化,学校及び児童福祉施設としての法的位置付け
　・既存の幼稚園及び保育所からの移行は義務付けず,政策的に促進
　・幼保連携型認定こども園の設置主体は,国,自治体,学校法人,社会福祉法人のみ
　・認定こども園の財政措置を「施設型給付」に一本化
○地域の実情に応じた子ども・子育て支援(利用者支援,地域子育て支援拠点,放課後児童クラブなどの「地域子ども・子育て支援事業」)の充実

資料:内閣府資料
出所:図2-1に同じ

④ 少子化と「子育ち・子育て支援」をめぐる課題

　国がはじめてまとめた『少子社会白書』(2004年)では,「子育てに喜びを感じることができる,子どもの出生や子育てにメリットがあると認識できる施策」を積極的に展開することが重要だと書かれていた.

　経済的な側面からみると現代の子育ては,よほどのことがないかぎりメリットはない.一人平均3千万近く,進路によっては1億にも達する子育て費用は,子どもが大リーガーにでもならない限り,回収されることは期待できない.子育てにかかる時間や体力も,換算すれば,膨大な経費である.「子ども・子育てビジョン」の目標値が達成される頃,合計特殊出生率はどれくらい上向くであろうか.出生率の上昇の方法を考えることが本章の意図ではないが,「少子化」と「子育ち・子育て困難」はコインの裏表のようなものである.

図2-3　子ども・子育て支援新制度の概要

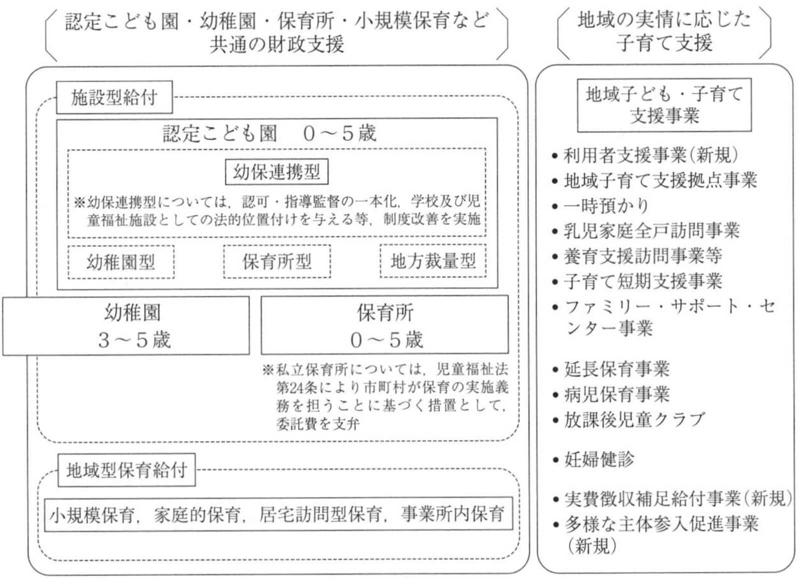

```
┌─認定こども園・幼稚園・保育所・小規模保育など─┐  ┌─地域の実情に応じた─┐
│           共通の財政支援                    │  │     子育て支援      │
└─────────────────────────────────────────────┘  └─────────────────────┘

┌──────────────────────────────────────────┐   ┌────────────────────────┐
│ 施設型給付                                │   │ 地域子ども・子育て     │
│ ┌──────────────────────────────────────┐ │   │ 支援事業               │
│ │    認定こども園    0～5歳            │ │   │                        │
│ │  ┌────────────────────────────────┐  │ │   │ ・利用者支援事業(新規) │
│ │  │      幼保連携型                │  │ │   │ ・地域子育て支援拠点事業│
│ │  │ ※幼保連携型については,認可・指導 │  │ │   │ ・一時預かり           │
│ │  │ 監督の一元化,学校及び児童福祉施設 │  │ │   │ ・乳児家庭全戸訪問事業 │
│ │  │ としての法的位置付けを与える等,   │  │ │   │ ・養育支援訪問事業等   │
│ │  │ 制度改善を実施                  │  │ │   │ ・子育て短期支援事業   │
│ │  └────────────────────────────────┘  │ │   │ ・ファミリー・サポート・│
│ │  幼稚園型  保育所型  地方裁量型      │ │   │   センター事業         │
│ └──────────────────────────────────────┘ │   │                        │
│                                          │   │ ・延長保育事業         │
│  ┌──────────┐    ┌──────────────────┐  │   │ ・病児保育事業         │
│  │  幼稚園   │    │    保育所         │  │   │ ・放課後児童クラブ     │
│  │  3～5歳   │    │    0～5歳         │  │   │                        │
│  └──────────┘    │ ※私立保育所については,│  │   │ ・妊婦健診             │
│                  │ 児童福祉法第24条によ │  │   │                        │
│                  │ り市町村が保育の実施 │  │   │ ・実費徴収補足給付事業 │
│                  │ 義務を担うことに基づ │  │   │  (新規)               │
│                  │ く措置として,委託費を│  │   │ ・多様な主体参入促進事業│
│                  │ 支弁                │  │   │  (新規)               │
│                  └──────────────────┘  │   │                        │
│                                          │   │                        │
│ 地域型保育給付                            │   │                        │
│ 小規模保育,家庭的保育,居宅訪問型保育,     │   │                        │
│ 事業所内保育                              │   │                        │
└──────────────────────────────────────────┘   └────────────────────────┘
```

資料:内閣府資料
出所:図2-1に同じ

図2-4　市町村子ども・子育て支援事業計画のイメージ

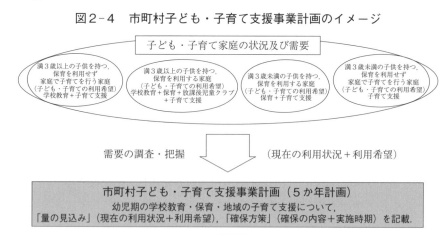

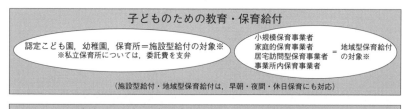

出所：図2-1に同じ，一部筆者改変

　児童家庭福祉の観点から考えると，少子化の進行は，「子育ち・子育て困難」の進行を伴い，まずは，それらの困難を解消することがより優先的な課題とすべきである．その課題に沿って考えたとき，子育ち・子育てを支援する専門家に関する施策，専門職の質をあげるための経費・施策が様々な施策やプランからすっぽり抜け落ちていることに気づく．

　当然のことではあるが，子育ち・子育て支援の中核を担う保育所において保育者が提供する〈保育〉は，物を預かる「サービス」とは異なる．

乳幼児期を対象とする保育は目の前のケアや教育的プログラムといった目に見える活動以上のものを含んだものである．人の育ちの土台を形成する支援，親が生物学的な親から社会的な親に育っていくことを支援する営みであり，「最小コストで最大のサービス」（「待機児童ゼロ作戦」）といった効率性・生産性を追求しにくいものであるし，待機児をへらすための量的整備だけが課題ではない．むしろ，子育ち・子育て困難の深化の中で，保育者の高い専門性に裏うちされた「保育」が求められている．

子ども子育て支援法については，保育関係団体等から批判が相次いだ．「地域型保育」において保育者や保育環境の多様性が広がった場合，事故予防がどのような形で担保されるかも不明瞭である．

しかし，一連の批判にも説得力に欠ける部分がある．それは，子どもたちの育ちや保育者自身の実践的な研究に基づくエビデンスのもとで対案がないからである．そのことは私たち研究者の怠慢である．保育者とともに，実践の中から，「保育の専門性とは何か」「保育者の専門職としての専門性とは何か」という「省察的研究」がこれまで十分なされてこなかった，「保育の専門性」を社会にわかるように明確に示してこなかったのではないかと考える．

「子育て支援」として児童福祉法にさまざまなメニューが盛り込まれるようになったが，実は「保育」そのものが「子育て支援」であり「子育ち支援」なのである．

質の高い保育者教育，体系だったリカレント教育，ゆとりのある職員配置，保健師・発達支援センターなど多職種・機関との丁寧な連携，子どもの発達段階にあったクラスの小規模化，保育施設の小規模化など，本当に質の高い保育が実現すれば，本書3章以降にまとめられた子ども・家族の問題の深刻化の「予防」となるはずである．

教育も保育も百年の計である．幼稚園も認定こども園も保育所も地域型保育といわれるものも，すべてが，子ども当事者にとって高い質の「保育」になるのか，真の意味での"チルドレン・ファースト"（「子ども・子育てビジョン」）になっていくのか，今後のゆくえを見守りたい．

注・引用・参考文献

1) 2003年に筆者が実施した保育者調査の一部．この調査は，川池智子「「子育ち・子育て支援」をめぐる保育政策の課題（その１）―保育者の「子育ち・子育て支援」の実態と意識に関する調査を通して―」（山梨県立女子短期大学紀要第37号，2004年）及び，川池智子「子育ち・子育て新時代―保育が拓く地域力―」（山梨県立大学人間福祉学部2007年度助成研究報告書）にまとめている．
2) 出生率が，わずかであるが回復した背景には，景気が若干回復したことや，戦後のベビーブームの人たちの子どもが子どもを産むころにあったことなどが考えられるが，先進諸国がすべてそうであることをみてもわかるが，経済の発展は少子化を帰結する．
3) 「できちゃった婚」は，厚生労働省「出生に関する統計」2002年において「結婚期間が妊娠期間より短い妊娠後結婚で生まれた子ども」から推定したもの．
4) 近代・近代以前の社会であっても，「多産多死」ではなかった，「皆婚社会」ではなく未婚率が高かった，「家族」も現代の家族とは違ったものであった，という研究も多くある．しかし，社会福祉学においては経済体制の異なる時代との単純な比較という「超歴史的」な論議は成り立たない．ただし，少子高齢化が引き起こす人口減少を有史以来の危機のように論ぜられることに対しては，日本の人口が現代のように"膨張"したことのほうが有史以来であること，たとえば江戸初期は今の人口の十分の一だったということも確認したい．経済体制が異なる江戸期だが，少子高齢社会を「スローライフな共生・成熟社会モデル」へと転換するならば，参考になることも多々ある．
5) 前掲1）に同じ．

〈参考文献〉

① 厚生省『平成10年版　厚生白書―特集・少子社会を考える　子どもを産み育てることに「夢」を持てる社会を』ぎょうせい，1998年
② 全国保育協議会『保育年報』2003年版～2012年版，全国社会福祉協議会
③ 全国保育団体連絡会・保育研究所『保育白書』2003年版～2012年版，草土文化
④ 植山つる・浦辺史・岡田正章『戦後保育所の歴史』全国社会福祉協議会，1978年
⑤ 山梨県立女子短期大学山梨県保育史研究会『見る山梨県保育史』山梨ふるさと文庫，1998年

先行文献

① 松本園子『昭和戦中期の保育問題研究会―保育者と研究者の軌跡』新読書社，2003年

② 櫻井慶一編『現代のエスプリ別冊　ベビーホテル』至文堂，2001年
③ 松田茂樹ほか『揺らぐ子育て基盤—少子化社会の現状と困難』勁草書房，2010年
④ 橋本宏子『戦後保育所づくり運動史—「ポストの数ほど保育所を」の時代』ひとなる書房，2007年
⑤ 武田さち子著，赤ちゃんの急死を考える会企画・監修『保育事故を繰り返さないために—かけがえのない幼い命のためにすべきこと』あけび書房，2010年

夫婦から親へ—ペアレンティングの支援と教育—

　夫婦がこれから子どもを持とうとするとき，たいてい，子どものいる生活を想像したり，何らかのイメージを描いたりするであろう．しかし，いざ想像が現実になってみると，想像と現実のあいだには大きなギャップがあることに気づくことが多い．ベルスキーら(1995)の著書に，「ある母親はこの違いを，『竜巻をテレビで見ているのと，実際に自分の家の屋根が吹き飛ばされてしまったときほどの違い』と表現した」[1]というくだりがあるが，それほどまでに大きなギャップが存在するといえる．夫婦が直面するのは想像と現実のギャップだけではない．家族を形成していく過程で夫婦は双方の価値観のギャップに出会う．二人は，それぞれの家庭や地域で異なる文化を身につけてきており，新たに共通の文化を創っていくことはたやすい作業ではない．また，夫婦は子どもをもったとたん，親としての精神的，経済的，社会的な成熟さを身につけることを期待され，そのプレッシャーにストレスや強い不安を感じることもある．このように，親役割を引き受けていく過程で困難さを経験することは，個人のアイデンティティや夫婦の関係性に緊張や葛藤を引き起こす可能性が高い．

　北米では，「親への移行期」(Transition to Parenthood)は危機的な移行として注目され，1960年代から実証研究が蓄積されてきた．90年代からは，夫婦が親になるのを追跡した縦断研究が活発に行われている．「親への移行期」は夫婦の関係性の再構築を促す重要な時期であり，移行のあり方がその後の夫婦関係や家族全体のウエルビーイングに重大な影響を及ぼすとの知見が得られている．また，北米では，妊娠期のうちから「親になること」や「子ども」について理解し，十分に準備を行うことでスムー

ズに「親」へと移行できるよう，ペアレンティングエデュケーションが行われている．親への移行期研究の知見をもとに，予防的な介入・支援として，さまざまなプログラムが開発・実施されてきた．つまり，実証研究から導き出された理論を実践に活かすなかで，個人や家族に対する教育プログラムやサポートシステムが発展，体系化されていったといえる．かつてはハイリスクな親への支援が中心であったが，現在では，ローリスクな親を含めすべての親に予防的介入が必要であるとの認識が広まり，妊娠期からの予防的な支援・サービスが重点化されるようになっている[2]．

一方，わが国では，このような実証研究は非常に少ない．日本においては，これまで，夫婦関係よりも親子関係を優先するという社会・文化的な環境があり，「親になる」ことに比較的安定した道筋があったものと思われる．しかし，少子化等を背景に日本でも，乳児を抱えた妻たちの多くが育児不安やストレスを抱えて育児を楽しめないといった状況はよく指摘される．未知の経験でもあるケア役割を担うことが，個としてのアイデンティティに大きな脅威を与えかねず[3]，親への移行期に個人や家族の危機的状況が生じている可能性が推測される．わが国にも，ペアレンティングへの継続的なサポートシステム・教育プログラムを導入すべき時代はすでに到来しているのではなかろうか．北米のそれに学ぶことが急がれる．

引用・参考文献
1) ジェイ・ベルスキー，ジョン・ケリー（安次嶺桂子訳）『子供をもつと夫婦に何が起こるか』草思社，1995年，p.42.
2) Cowan C. P., Cowan P. A., *Interventions to Ease the Transition to Parenthood, Family Relations* 44, 1995, pp. 412-423
3) 杉村和美「現代女性の青年期から中年期までのアイデンティティ発達」岡本祐子編『女性の生涯発達とアイデンティティ―個としての発達・かかわりの中での成熟―』北大路書房，2000年，pp. 55-86

堀口美智子（宮城教育大学非常勤講師）

第3章
「自立」へ向かう子どもたちへの支援
―学齢期の子どもと福祉―

教育の重圧

〈中学1年生のS君は，学校に行かなくなって半年ほどが過ぎていた．まったく外出もしないで，深夜遅くまで毎日テレビゲームばかりをして過ごしていた．両親は，学校を休み始めた頃は叱責したり，登校を強要するような対応をしたが，強硬な態度に出れば出るほど，S君の状態が悪化するので，途中からあまりうるさく言わないようにした．その結果，学校の話をしない限り，両親との会話は普通にするようになった．ところが，学級担任は家庭訪問のたびに，本人を甘やかさないで厳しい態度で接し登校させるようにと迫った．そうした威圧的な態度に負担を感じて，いくつかの相談機関を訪ねた．だが，どこでも本人の気持ちの安定よりも，両親の子育てのまずさや，学校へ復帰させることばかり指摘されるのでうんざりしていた．

その後，学校で活動するソーシャルワーカーが地域内にいることを知り連絡をとってみた．ワーカーの，子どもの意志を尊重し，権利を尊重するスタンスに信頼感を覚え相談を続けることを決めた．そして，S君も家の中にばかりいて退屈していたせいか，ワーカーとの面接にあまり抵抗感を示すことなく受け入れた．

「あーあー，俺は将来はプー太郎やって生きて行くしかないナー」と言いながら居間のテーブルに着いた．それが，家庭訪問をした時の彼の初対面の第一声だった．彼は，はじめて会ったその日からワーカーに対していろいろ話をした．話の内容は，自分は将来一流の大学に行き，いい会社に入って中流以上の生活をする気でいたが，学校に行かなくなってしまったので，人生の設計図が狂ってしまった．自分の将来は，もうない気がするというようなものであった．

S君は，小学校時代から有名私立中学校の受験に備えて塾通いをし，希望通りに志望校に合格した．だが，満員電車に揺られて毎日通う生活に疲れたうえに，学校では全員が優秀で自分が小学校の時ほど目立たないため焦りを感じるようになった．5月の連休過ぎ頃から徐々に元気がなくなり，6月に入るとぱったりと学校へは行かなくなった．

S君のそれまでの夢は確かに壊れてしまったが，社会には彼が考えているよりもさまざまな生き方があるし，不登校することが必ずしも人生にマイナスにはならない，むしろプラスの体験にすることもできるという話をし，そのプラスの方向を目指すためにワーカーと一緒に考えて行こうと伝えた．もちろん，そうした言葉がS君の心にすぐに届いたわけではなく，ワーカーのメッセージを共有できるようになるまで，定期的に会い続けてから1年以上もかかった．
　中学校を卒業した時点では進学をせず補習塾に通い，大学検定試験を受けることにした．大検には無事合格し，同級生が高校を卒業するのと同時期に大学を受験した．大学は合格したが，彼が小学校の頃思い描いていたような大学ではなかった．それでも彼はきわめて満足して通っている．そして「俺は不登校を体験したことはとてもよかったと思っている．もし，あのままエリートを目指していたとしたら，ほんとうに何も考えない人間になっていたと思う」と言っている〉

　増加の一途を辿ってきた不登校の例に限らず，自立期にさしかかる子どもたちが直面する困難はいつの時代もあった．児童福祉の分野では，彼らのあらゆる困難の解決に向けた取り組みをすることが目的とされている．しかし，わが国では「自立期」の子どもたちが例外なく所属する学校と福祉の分野は切り離され，保育園までは福祉，幼稚園からは教育というふうに所轄の官庁が異なり，年齢によって分断されるような形をとってきた．そのことは結果的に，学齢期の子どもたちの福祉に関わる問題が見過されることにつながってきたといえる．
　福祉の理念は，子どもの権利を擁護し「自立」を支援することである．そうである以上，自立に向けて葛藤を続けている子どもたちを放置しておくことはできないはずである．ここでは，学齢期の子どもたちの「自立」を支えるために，福祉的なアプローチが不可欠であることを論じ，これまで軽視されてきた教育と福祉の溝を埋めることの重要性を考えることとする．

① 学齢期の子どもたちの現状

1 学校と子どもたちのズレ

　わが国では，子どもたちの数はこの30年余にわたって減り続け，2012年4月の時点では15歳未満の子どもは総人口に対して僅か13.0%（1950年：35.4%）を占めているに過ぎない．それは当然，成人の比率が高まっていることを意味する．したがって，一人あたりの子どもに対するケアやサポートの質は，経済的な豊かさと相まって高まったと考えられるのだが，現代の子どもたちが活気に溢(あふ)れた生活を送っているかというと首を傾げざるをえない．むしろ，彼らが直面する困難は，少しも減少することなく，次から次へと立ち現れてきている．

　「自立」期の子どもたちの健やかな暮らしを阻んできたさまざまな問題を振り返ってみると，彼らが直面してきた困難の特徴が，学校＝教育と大いに関係があるということが明らかである．マスメディアなどで大きく取り上げられてきた校内暴力，いじめ，不登校，学級崩壊などが，そのことを証明している．それらを通して感じることは，子どもたちにとっての学校＝教育の重圧の大きさである．したがって，子どもたちの福祉ということをテーマとして取り上げる場合には，学校あるいは教育問題を抜きにすることはできない．

　前出の事例では，学校が子どもに大きな重圧となっている事実を示し，その重圧を取り除くことで，精神の安定を取り戻し生きていく力を再び発揮する姿を極めて簡潔に記した．今日，小学校に入る前から塾通いをして，いわゆる一流校へのコースを辿るための競争を強いられる子どもたちは少なくない．S君のような例は，不登校の子どもたちの中ではけっして珍しくないことである．子どもたちが幼い頃から，通う学校によって人生の価値が決まるように思いこまされ，その期待に応えることができないために，人生の早い段階で挫折感を抱かされてしまうことが，彼らの生活の質（QOL）を損なうことにつながっている．

　河地（2003）は，世界の四都市（東京，ニューヨーク，ストックホルム，北京）の子

どもたち対するアンケート調査を実施し，日本のティーンエージャーが4カ国でもっとも自信がないという結果を示しており，自信を持つことができない理由をいくつか挙げている[1]．それらの中でも，学校の成績の良し悪しが彼らの自信に大きな影響を与えていることを明らかにしている．また，大人への信頼と大人からの支えも自信に関して大きな要素であることを指摘している．そうした結果から，受験競争の渦の中に追い込まれて常に闘うことを強いられ，ありのままの姿を認められることがない子どもたちの姿が浮かび上がってくる．彼らを支えるネットワークが家庭でも，学校でも地域社会においても弱体化している現状にあっては，学校でいい成績をとることができない多くの子どもたちが，敗者としての自己イメージを形成していくのは必然だといえる．

そもそも，わが国の義務教育は1872（明治5）年にスタートした．それ以来130年以上にわたって，子どもたちの生活にさまざまな影響を及ぼしてきた．家庭に次いで長い時間を学校で過ごすのであるから，学校が彼らの人格や価値観の形成に大きく関わるのは当り前である．しかも，私たちの社会は学校に過度に大きな期待を寄せ，教師を聖職者扱いしてきた．

なぜ，学校がそこまで絶大な期待を担わされるようになったかというと，長い間にわたる封建社会から西欧的近代社会に脱皮し，しかも世界でも有数の経済大国にまでなるのに，教育制度が貢献をしたとみなされたからである．教育がもつ力に国家も国民も信頼感を寄せてきた．特に，第二次世界大戦後，1960年代以降の経済成長は子どもたちへの教育熱を高める動きを加速させた．子どもたちは，放課後も学習塾へ通わされ，僅かな成績の差によって進学すべき学校を振り分けられてきた．

2 校内暴力・いじめ・不登校

このように教育に対する思いが過熱した状況にあっては，子どもたちがすべて学校に適応することは難しいことである．ある者は疲れ果て挫折感を味わい，また他のある者は最初から厳しい競争に乗り切れないということになる．1970

年代の半ば頃になると，学校のコースから外れる子どもたちが見られるようになってきた．まず，病気など特別な理由がないのに学校へ行くことができない子どもたちが出現し，その後全国の中学校で突如子どもたちが学校の設備を破壊したり，教師に暴力をふるうという事態が生じた．

校内暴力が鎮(しず)まり始めた1980年代の半ばになると，いじめ問題が大きくクローズアップされるようになり，いじめを苦にして自らの命を絶つ子どもたちが相次いだ．それでも，社会では学校が及ぼすマイナスの影響力よりも子どもたちの側の行動の非ばかりが指摘され，彼らを矯正するという考えにたった対応策が実施されてきた．しかし，問題は減少するというよりも，むしろ年を追うごとに厳しさの度合いは増すばかりであった．

いじめがピークを過ぎた1990年代の後半からは学級崩壊という現象が小学校を中心として広がり始めた．学級崩壊は，それまでは教師のコントロールが容易だと考えられていた小学校の低学年に集中的に起き，子どもたちの学校との関係のズレは大きな広がりがあることを示した．

こうした問題がすべて学校に起因するというわけではなく，より複雑な背景があるのはいうまでもないことである．しかし，子どもたちの欲求不満や，不安などが学校を舞台として展開されているという現実から眼をそらすことはできない．今日では，多くの子どもたちにとって学校が安心や充足感をえる環境として機能しえていないということは否定できないであろう．

しかし，子どもと学校との距離が離れていくことに対して，私たちの社会は何もしないで事態を見過ごしてきたわけではない．それどころか，むしろさまざまな対策がとられてきたといえる．学校制度内においては，教育相談や生徒指導体制が整えられるだけでなく，養護教諭たちが子どもたちの気持ちを受け止めようと努めてきた．さらに，学校外には教育相談所（教育センター）を設置し，子どもだけでなく家族に対する対応も行ってきた．

1990年代に入ってからは，主として不登校対策に焦点を絞った適応指導教室の設置が広がり，90年代後半からはスクールカウンセラー制度の導入に向

第3章 「自立」へ向かう子どもたちへの支援　77

図3-1　スクールカウンセラー配置校数

スクールカウンセラー活用調査委託研究事業（97-00年度）および同事業補助（01年度-）として派遣している学校.

文部科学省　平成24年度　配置予定

スクールカウンセラー等活用事業
（スクールカウンセラーの配置小学校：11,690校，中学校：8,252校等）
スクールソーシャルワーカー活用事業（108箇所，1,113人）

出典：文部科学省『データから見る日本の教育』国立印刷局，2004年

けた取り組みが始まった．これらの多様な施策には，少なくない人員と予算が投入され実行されてきたわけであるが，子どもたちのニーズにどれだけ応えてきたのかは明らかではない（図3-1）．子どもたちの学校離れ現象は，その後もずっと広がり，留まるところを知らない観さえある．

　現代の子どもたちの不幸は，学校生活に不全感を覚えたときに，それに代わる選択肢を見いだすことが困難であるということである．私たちの社会は，近代化と引き替えに学校以外の子どもたちが群れ集う場を奪ってきたといえる．しかしながら一方では，地域社会には行政，あるいは民間によって学校とは別の生活空間を保障しようとする動きがあることも事実である．以下に，それらの代表的な取り組みをいくつか挙げることとする．

2　学童保育・児童館・フリースクールなどにおける支援

　地域社会の中で子どもたちが集う場のひとつとして学童保育がある．2012年5月の時点では全国に20,843カ所（全国学童保育連絡協議会調査）があり，十分な数とはいえないが地域内の資源として確実に機能している．特に，共働きの保護者や単親家庭にとっての支援資源として重要な役割を果たしている．しかし，十分な予算が費やされているとは言い難く，アパートや民家などを活用しているところも1割程度を占めている．そうした施設面の不備や指導員の配置不足，および不安定な雇用状況の解消は，子どもたちのウェルビーイングを考えると急がれるべきである．また，小学3年生までしか受け入れていないところが多く，両親が共働きあるいは，単親家庭と通所の条件が限定されていることもあって，すべての子どもに開かれた場とはいえない．地域社会に交流の場が不足し，孤立しやすい今日の子どもたちが置かれている状況を考慮するならば，事業の目的を再編しより多くの子どもたちが活用できるような場とする取り組みが待たれるところである．

　学童保育の他にも，遊びを通して子どもの生活の安定と能力の発揮を援助する施設として児童館がある．全国に4,318館（2011年）あるが，活動の内容は地域，地方自治体によって千差万別である．児童館は，児童福祉法に基づいた児童福祉施設であり，遊びに焦点を当てた活動内容を有しているが，子どもたちが日常的に活用するだけの施設や，職員配置がなされているとは言い難い状況にあるため，十分にその存在が子どもたちに知られているとはいえない．いくつかの自治体では，高校生などが運営に積極的に参加できるようにし，活発な活動が見られるが，児童館が着実な地域資源として機能するためには，そうした創意にもとづく運営が求められるであろう．

　さらに，学童保育や児童館などと異なり法制度に基づくことなく，近年地域社会で民間の手によって運営されるフリースクールやフリースペースといわれ

る場が全国に点在している．これらは主として不登校の子どもたちに対するサポート資源として開設されたものであるが，現段階では単に不登校にとどまらず，さまざまな障害をもつ子どもや，学齢期を過ぎた青年層も活用するようになっている．統括する機関がないために全国にどれくらい存在するか正確なデータはなく，運営方針・形態もまちまちであるが，ほとんどのところが子どもの人格を尊重し，規制を設けないきわめて柔軟なスタイルで運営している．そのことは，学校の管理的な方法に傷ついたり，抑圧感を覚えたりした子どもたちの体験を踏まえてのことだと思われる．

　筆者も1987年以来，地域でフリースペースの運営に関わっているが，2004年までに2,500人を超える子どもたちが関わり，それを上回る保護者の相談があった．活動の方針は特に定まったものはない．むしろ決まり事を設定することを避けてきた．なぜなら，子どもたちの多くが学校や家族の枠に縛られ生に対するエネルギーを枯渇させられてきたからである．居場所の役割は，おとなが子どもたちのそうした抑圧を解放することであり，そのためには彼らを細かいルールなどで縛らずに，自分が好きなように過ごすことを保障することだと考えたからである．

　したがって，そこでは子どもたちはプログラムに沿って一斉（いっせい）に何かをさせられることはない．戸外で遊びたい者は遊び，話をしたい者は話を続け，誰とも交わりたくなくてひとりで過ごしたい者は，ひとりで過ごす．スタッフは，子どもたちのニーズに応じて動く．子どもたちが誰もおとなを必要としなければ，おとな同士で遊ぶ．また学習に関しても，勉強が遅れるからやらせるようにするという発想はなく，子どもたちの中で，学習に関心を示したときにはその要望に応えるというスタイルをとってきた．だから，その場は統一感がなく雑然としているように見える．

　そうした柔軟な運営スタイルを保ちながら，しかもボランティアのみのスタッフで18年以上もフリースペースが続いてきた．そして，学校では居場所を見つけることができなかった多くの子どもたちが，そこで元気を取り戻し成長

していく姿を見続けてきた．学校とはまったく異なる空間が，子どもたちにとっていかに必要であるかということを通ってきた子どもたちは証明しているといえる．

地域社会の中で，細々とではあるが着実に根づいてきた活動ではあるが，社会的には，教育サイドからも福祉サイドからも，どのフリースクール（フリースペース）も認知されているとはいえない．フリースクール白書によると，多くの子どもたちがそこで生活しているにもかかわらず，公的な助成は調査対象のわずか15％が受けたことがあるに過ぎない．社会の中では，あたかも存在しないものであるかのように対応されてきた．活動が多くの地域で展開されているという現実を受け入れ，市民である子どもたちを社会の成員として受け入れることが不可欠だと考える．さらに，学校に拒否感を示した子どもたちが主体的に通っている姿に学ぶことは，学校が活力を取り戻すうえで多くの示唆をもたらすはずである．

③ 従来の課題対応策

前述した学童保育や児童館，フリースクール（フリースペース）などは，子どもたちに対するサポート機能という点では重要な役割を果たしているが，その機能は問題予防あるいはアフタケアとして位置づけられる．現在生じている問題に対して働きかける機能までをカバーするものではない．以下では，子どもたちが直面している困難に対する直接的な取り組みについて論じることとする．

子どもたちの問題が，貧困や病気，犯罪など学校教育が原因として生じているとはいえなかった時代には，学校内部には問題に対処するための系統的なシステムは存在しなかった．何かあれば，担任がすべて単独で対応してきたといえる．だが，学校で子どもたちの"問題行動"が顕在化するようになったときに，新たな方策を備える必要性が生じた．その結果，これまで多くの取り組みが試みられてきたわけであるが，学校制度における問題解決のための対応には，大きく分けて以下の二つの方法が取られてきた．

まず第一に、懲戒的対応である。この対応は体罰や強い叱責などを伴い、主として行動上の問題において行われてきた。警察との連携などもこれに含まれる。また、不登校の場合に卒業や進級認定をしないという対応も懲戒的な対応ということができる。1970年代末頃からの校内暴力対策は、ほぼ懲戒的対応によって解決が試みられたといっていい。

非行予防対策と称して男子の丸刈り詰め襟制服、女子のオカッパ、スカート長さの規制、またスポーツ系部活動への強制参加の押しつけなどは正確には懲戒的とはいえないが、それらの細部に及ぶ規則は、懲戒とひとつのセットとなって強要されてきた。

1994年には、わが国でも世界で158番目に国連の子どもの権利条約がやっと批准され、子どもの権利に対する社会的な認識も高まっていくかに思われたが、実際には逆の方向へと状況は展開していった。それは、1997年から1998年1月にかけて少年による殺人などの深刻な事件が相次いだことが原因であった。2001年には少年法が改正され、刑事罰を科す年令が引き下げられるなど厳罰化の方向が強められた。社会の風潮も、子どもたちの行動により厳しい眼差しが向けられるようになった。

司法面における対応の厳罰化は学校教育にも影響を及ぼし、学校でも標準的な枠から外れた子どもたちに対する懲罰的な対応を強化する動きにつながった。かつてほど強圧的な形ではないが、学校に合わない子どもたちは医療機関に回されたり、学校と警察の協力関係を強化して、学校から排除する動きが目立ってきている[2]（『朝日新聞』朝刊2004年5月2日）。しかし、子どもたちに対する懲戒的な方法は、問題行動を一時的に抑制する効果があるとしても、根本的な解決となるか疑問だといえる。むしろ、懲罰を加えられたことによる屈辱感や怒りが、新たな問題行動を引き起こす恐れがある。

第二に、子どもが抱えている問題を病理としてとらえたり、心因性のものとして受け止め治療、矯正するという方法である。この第二の方法が現在の主流を占めているといっていい。教育相談や適応指導、カウンセリングなどは心理

学および精神医学の知見をベースにしている．一般的な評価も高く，人の心理を技術によって自在に操作できるという印象を与えるために，最も説得力を有し，今後も影響力を保持していくものと思われる．

　治療的な対応は，当事者の内面の葛藤に焦点を当て，主としてカウンセリングという技法によって問題解決を試みる方法であるが，諸々の問題に対する切り札的手段としてもてはやされている．しかし，問題の本質を個人の内部に焦点を当て解決しようとする視点は，問題を生み出す複雑なさまざまな環境的要因を考慮することなく，個人ばかりに変容することを求める方向に陥りがちである．

　現在，急速に全国の学校で導入されつつあるスクールカウンセラーも，学校が与えるマイナスの影響を無視して，心理学によって子どもたちが抱える問題のすべてを解決できるのではないということを十分に認識することが必要だと思われる．

　事例1で取り上げたS君の例のように，本人を叱責したり学校に合わせるように画策しても，少しも事態が改善されないケースが少なくない．むしろ，本人の価値観が変わることによって，抱えている葛藤が軽減することがある．言い換えると，学校が子どもたちの多様なニーズに合わせることのできる柔軟性を持つことによって楽になる子どもたちが多いということである．いつも彼らの側だけが，自立に向けて変容を求められるのは不公平だといえる．むしろ，自立を達成できるような環境の整備と支援が急務であろう．

④ 新たなアプローチ

1 ネットワーキング手段としてのソーシャルワーク

　ここでは学校を基盤にして，子どもたちが直面している閉塞(へいそく)的な状況を打開するための具体的な方法論について述べることにする．それは，学校がこれまで述べてきた対策やアプローチとは異なる枠組みを有するソーシャルワークで

ある．その考え方や方法に言及し，現在の学校制度への適用可能性を探ってみたい．

　わが国の学校現場は，すでに述べたように教育の価値を非常に重要視し，教育的手段によって子どもに関わるあらゆる事柄に対処してきた．しかし，第二次大戦後の急速な産業社会への移行は，人々の思考様式やコミュニケーションのスタイルに急激な変化をもたらし，社会はかつてとは比較にならないほど多様な表情を示すようになった．それにしたがって，子どもたちが遭遇する問題も，かつての教育現場では予想もできなかったような複雑な様相を呈するようになった．だが学校は，外の世界が著しい変化を遂げたにもかかわらず，教育の方法も指導のやり方も，基本的には学校創立時からのスタイルを保ち続けている．こうした伝統的スタイルは，多様性に満ちた現代文化の影響を受けている今日の子どもたちの実状にそぐわないことは明らかである．学校は社会から切り離された形で存在することは不可能である．まして，情報がお互いの距離を乗り越えて自由に行き来する社会においては，学校制度の枠の中でだけ問題解決を図ろうとしても，それは無理だと思われる．

　私たちが暮らす社会における個々人も環境を構成するシステムであり，誰ひとりとして他者と関係を持たないで生きることはありえない．個人が環境に影響を受け，システムもまた個人に影響を受けながら，相互に交流し変容しながら存在している．学校もまた，社会システムの一つとして，しかも大きな影響力を持つことを考えるならば，むしろ積極的に社会の動きを取り入れながら運営されなくてはならないはずである．そうでなければ，さまざまな取り組みが功を奏することは難しいであろう．

　ソーシャルワークにおいては，環境と人との相互の影響を重視し，個々人に働きかけるだけでなく取り巻く環境にも働きかける（図3-2）．学校においては，複数の環境的要素が学校自身も含めて並存しており，その要素＝システムに子どもたちは，毎日接している．したがって，さまざまな要素＝システムを包んだアプローチを取り入れることがもっとも自然な形でできやすい状況にあ

図3-2　ソーシャルワーカーの活動・環境への働きかけ

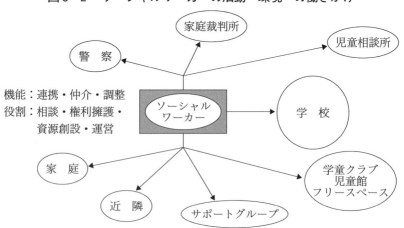

るといえる．子どもが生活する環境において，子どもとシステム，あるいはシステム間に介在し，仲介・調整・代弁・連携・情報提供するなど，ソーシャルワーク特有の機能を学校に導入することは，学校が見過ごしてきた，そしてもっとも弱点となってきた部分を補完する役割を果たすことになるはずである．

　社会が複雑化し，交通手段やさまざまなコミュニケーション手段が発達し，他者と関係を築くことが容易になったように思えるが，実際には学校と子どもとの距離だけでなく，家族内の関係や地域の関係も疎遠になり，個人が疎外感を抱きやすい事態となっている．関係の希薄さや不在は，ひとりひとりの存在を不確かなものに感じさせ，状況をさらに悪化させる．子どもたちの生活の質を高めるには，それぞれが帰属感や自尊の感情を維持することが不可欠である．そのためには，彼らの周囲に豊かな支援のネットワークを築くことである．現在の子どもたちの厳しさは，自分の存在を肯定したり，支えてくれる人間をえることが困難であるところにある．学校におけるソーシャルワーカー（スクール・ソーシャルワーカー）は，自らが子どもたちの支援者になるだけでなく，彼らの周囲に支援のネットワークを築く役割を果たすことによって，子どもたちに安心感をもたらすことを目的としている．

学校を基点としたネットワーク活動は，子どもたちだけでなく家族と学校，学校と地域とのネットワークを築くことが含まれる．それは，結果的に地域社会の失われた絆の再生を意味する．子どもが社会に生きる存在であるとすれば，子どもを対象とした活動は当然のことながら社会的な影響を及ぼすことになる．学校を基盤にしたソーシャルワーカーの活動は，子どもあるいは学校に限定した狭いものではなく，ある意味では地域社会の再構築をも視野に入れた活動であるといえる．学齢期の子どもたちの自立を支援するうえで，教育的アプローチとは異なるソーシャルワークのアプローチは，十分に検討に価するはずである．

2 パートナーとしてのソーシャルワーカー

《ソーシャルワーカーとフリースクールに支援された事例》

〔Kさんは，幼い頃に両親が離婚し母親と兄の3人暮らしをしてきた．家計を支えるために母親は仕事を続けていたため，兄妹で過ごすことが多かった．小学校の頃は，地域の学童クラブや児童館など，放課後を過ごす場があったので特に問題はなかったが，中学校に入学してからは，部活動を始めたりしたこともあって，地域の施設とは縁がなくなった．

中学校では，いろいろな規則が多いことに強い違和感を覚えたり，部活動で先輩後輩の関係が非常に厳しかったりすることに息苦しさを覚えるようになった．中1の夏休み前には，部活動には顔を出さなくなり，同じ中学校の先輩たちとつき合いが始まり，夜も盛り場を徘徊するようになった．2学期に入り遅刻や早退が目立つようになって，担任から連絡を受けてはじめて母親はKさんの変化を知り驚き，彼女を強く叱責した．Kさんは，それ以来母親に対して反抗的な態度をとるようになった．そのために，顔を合わせると口論が繰り返された．

2年生になる頃には，服装も頭髪も派手になり学校では問題児のひとりとして見なされるようになった．教師たちは，早急に対応すれば改善の余地がある

と判断し，呼びつけては叱責を繰り返した．家庭でも学校でも叱られることの繰り返しで，彼女の気持ちはますます荒んでいくばかりだった．そして，遊び仲間とたびたび家出をするようになった．夏になると，母親や教師のことは無視するような態度をとった．ただ，中学校入学校以来時々会っていた養護教諭にだけは心を開いていた．その養護教諭が母親にソーシャルワーカーのことを紹介し，困っていた母親はすぐに相談をすることを決めた．

　ワーカーは，はじめて会ったKさんに「自分はKさんをひとりの人間として見ており，Kさんの気持ちをまず第一に考え，自分がいちばん望むような状態を作り出すために，力を合わせていきたい．Kさんのことは，あくまでもKさん自身が決めることが大切だし，Kさんが決めたことを応援するつもりだ」と語った．Kさんは，大人から正面切って一人前の人間として扱うような言われ方をしたことがなかったので戸惑った．

　その後，Kさんは行動の落ち着きをすぐに見せたわけではなかったものの，ワーカーとは定期的に会い続けた．彼は，説教がましいことは何も言わなかった．彼女はしばらく経つと，自由に自分の気持ちや行動について話すようになった．そうやって，信頼関係は時間を経るごとに深まっていった．やがて，家出や夜遊びの頻度は少なくなった．しかし，家の中でひとりで過ごす時間が多いことを考えると，彼女の居場所を確保することが重要であった．そこで，ワーカーはフリースペースを紹介した．最初は通うことに抵抗感を示したが，何度か通ううちに話し相手もできて定期的に足を運ぶようになった．

　3年生の2学期の途中からは卒業後の進路を真剣に考え始め，進学し高卒の資格をとりたいといい，自分から時々中学校へ行くようになった．進路先は，彼女を受け入れてくれる定時制を選択した．高校に入学した後も，しばらくはフリースペースに顔を見せていたが，そのうちに仕事を見つけて働くようになり，顔を見せなくなった．母親とはときどき衝突があったが，それほど深刻な状態になることはなかった．

　彼女は後になって，自分が混乱して大変なときに，ワーカーが細かいことを

何も言わずに側で見守ってくれていたことが非常に救いになったということと、行き場がなかった自分にフリースペースを紹介してくれたことが、そのまま自暴自棄になってしまうことを食い止めたということを述懐した〉

　この事例では、大人の威圧的な態度に強い不信感を抱く子どもに対して、ひとりの人間としての価値を尊重し、ともに問題解決を図ろうとする姿勢と、資源を紹介されたことによって、子どもの気持ちが解きほぐされていったという過程が述べられている。相談などというと、細かいカウンセリング技法や分析技術が必要だと考えられがちであるが、もっとも大切で効果的な関わりとは、相手の人格を尊重し、誠実に関わり合うことだということを示している。

　教育における子ども観とソーシャルワークにおける子ども観の差異は、さまざまな事象に対する対応に違いをもたらす。教育という価値観に立った課題への対処があまり功を奏することがなかったことは前に触れた。教育者が子どもと向かい合う際の基本的なスタンスが、自ずから対策に限界を設定してきたのではないかと思われる。

　そもそも、教育が目的とするところは、福祉が目指すところと変わるものではない。大きな意味では両者とも、子どもたちのウェルビーイングの実現を目指すものである。しかし、そのウェルビーイングを実現するうえで、子どもという存在をどのようにとらえるかによって方法論は大きく変わってくるのである。

　現在、これまでの教育のあり方をより柔軟に、また幅広くするためにさまざまな改革策が実施されている。総合科目の導入、学区制の廃止、中高一貫教育校の設置などと、新しい試みがなされ、学校教育の内容も変わりつつある。かつての教育における、子どもの力を軽視し、大人の指導によってのみ成長へ導かれるとする考え方は修正がなされつつあるように思える。しかし、教育が有する力に過大な期待に変化がないままに改革がなされても、学校という環境は、そこで暮らす者たちにとって、なかなか心安らぐ場所にはなりにくいのではな

図3-3　子どもとの関係のあり方

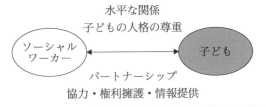

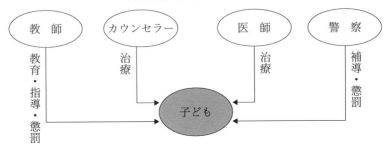

いだろうか.

　一方，ソーシャルワークにおいてはすべての人間の固有の価値や尊厳というものを活動のベースとし，ひとりひとりの生活の質をいかに高めるかということを目的として関わる．そこには，人間の可能性に対する限りない信頼がある．ここでいう人間とは年齢や性別，人種や思想信条，経済力など，その人の属性にかかわらずすべての人のことを指している.

　この職業的価値観は，当然のことながら学校に所属する子どもたちにも適用される．ソーシャルワーカーは，子どもたちの人格を尊重し，一人ひとりの可能性を信じ，問題解決能力を持った存在だとしてとらえる．したがって，ワーカーの思惑や価値観を前提とし，それを子どもに押しつけるようなことはしない．対等な存在として，課題解決のための条件づくりに参加するのである．可能性を有する者が，自分の持っている力を十分に発揮し，自分の力で解決するための手助けをする．そこには，指導や教育などといった上下関係に基づいた

行為は介在しない．こうした対等な関係（パートナーシップ）は，ワーカーと子どもとの関係に留まるものではなく，関与するすべての人々（家族・教師・友人など）との関係においても同様に結ばれるものである．

学校におけるこれまでの関係のあり方を縦型とすれば，ソーシャルワークにおける関係は水平型といえるであろう（図3-3）．ソーシャルワーカーが学校現場に存在することによって，学校には欠落し，子どもたちが希求している関係性を導入することができるであろう．これまで十分に機能しえなかった対策とは，一線を画すことは間違いがない．

⑤ 課題および今後の展望

人々の孤立化が言われ，子どもたちが訴えるさまざまな現象を直視するならば，数々の取り組みに実効性を持たせるための方法として，学校を基盤としたソーシャルワークの意義は十分にあると考えられる．しかしながら，私たちの社会では長らく，教育現場に，ソーシャルワークという方法を導入する動きがなかった．学校を教育専用の場として位置づけ，他の職種の介入を拒んできた学校システムの排他性について先に述べたが，ソーシャルワーク不在を，教育の側にのみ原因を帰することはできない．ソーシャルワークの母体である福祉領域のあり方にも，教育現場へソーシャルワーカー配置を阻害してきた要因があることも指摘しておかなくてはならないであろう．

学校を舞台として，社会的な現象ともなるほどの問題（校内暴力やいじめなど）が発生しても，福祉の領域からのアプローチはなされてこなかった．

福祉の理念を，すべての子どもが所属する学校から除外するという，福祉分野の関心の低さはソーシャルワークの導入化を阻む決定的なマイナス要因となったといえる．そして，私たちの社会におけるソーシャルワークが持つ可能性を狭めることにつながった．

国家資格としての社会福祉士の取得に関しても対象領域を制限しているが，そのことはソーシャルワークサービスの潜在的な受益者を制限することであり，

ソーシャルワークの基本原理とは矛盾するものである．社会のあらゆる階層のあらゆる人々にサービスが行き渡るように努めることが，ワーカーの使命であるはずである．法制度の枠内のみでサービスを提供しようと努める発想が，わが国の福祉の発展の速度を鈍らせてきたという事実を謙虚に受け止め，視野を機関や施設の枠外にも押し広げ，複眼的なとらえ方で現実認識をする必要があるであろう．

急増する一方の児童虐待などの問題を考えると，家庭と学校，および地域の諸機関の連携が不可欠である．もはや，教育と福祉が棲み分けして済ますことができるような状況ではない．

子ども，学校，家庭，地域という環境的な要素が明確に相互作用している状況はソーシャルワークが最も有効に作用する可能性がある場である．児童福祉の観点からすると，15歳までの子どものすべてが所属する学校を視野から外すことは，むしろ不自然である．福田(1997)も，山積する青少年問題に言及して，福祉従事者側が学校問題に積極的に関与することなく近年に至ったことに対して，子どもによる事件が起きるたびにスクールカウンセラーの必要性は叫ばれるが，スクールソーシャルワーカーへの関心はジャーナリズムや文教行政から一度も示されることはなかったと指摘し，そのことは福祉に携わる者の責任であると同時に，わが国におけるソーシャルワーカーの社会的認知度の低さを示す重大な問題であると自戒の念も含めて表明している[3]．国による，スクールソーシャルワークの導入は，2008年になって，「スクールソーシャルワーク活用事業」(文部科学省)として予算化されて，ようやくスタートした．

学校におけるソーシャルワーク(スクールソーシャルワーク)は，単に学校内でのソーシャルワークという資源の確立という意味合いだけではなく，学童保育や児童館，フリースクールなどの活動をも含めた自立支援をコーディネートし，福祉サービス全体の活性化(より多くの人のウェルビーイング)にもつながるはずである．そしてそれらに増して何よりも，すべての子どもたちが自らの可能性を発揮できる機会を有し，自立を達成することにつながるということがいえる．

彼らの自立を支えるためには，こうした包括的な視点に立ったサービスが求められている．

注・引用・参考文献

1) 河地和子『自信力はどう育つか　思春期の子ども世界4都市調査からの提言』朝日新聞社，2003年
2)「学校・警察強まる連携」『朝日新聞』2004年5月2日付
3) 福田垂穂「人権保障の現代的課題と福祉専門職の責務」『社会福祉研究』70号，1997年，pp.32-38

〈参考文献〉

① 奥地圭子『学校の外で生きるこどもたち―東京シューレ物語』教育資料出版会，1991年
② 全国学童保育連絡協議会『学童保育のハンドブック』一声社，1989年
③ 総務省統計局ホームページ（http://www.stat.go.jp）
④ 全国学童保育連絡協議会ホームページ（http://www2s.biglobe.ne.jp/~Gakudou）
⑤ 児童健全育成推進財団ホームページ（http://www.jidoukan.or.jp/what/what_detail.php）
⑥ 東京シューレの子どもたち編『学校に行かない僕から学校に行かない君へ登校拒否・私たちの選択』教育史料出版会，1991年
⑦ 日本子どもを守る会編『2002年版子ども白書人間回復のための"つながり・ぬくもり"』草土文化，2002年
⑧ フリースクール全国ネットワーク『フリースクール白書日本のフリースクールの現状と未来への提言』2004年3月
⑨ ポーラアレン-ミアーズ他編著（日本スクールソーシャルワーク協会編，山下英三郎監訳）『学校におけるソーシャルワークサービス』学苑社，2001年
⑩ 山下英三郎『スクールソーシャルワーク―学校における新たな子ども支援システム』学苑社，2003年
⑪ 山下英三郎『きみの心のサポーター』（一番ヶ瀬康子・川畠修編「シリーズ福祉のこころ4」）旬報社，2003年
⑫ スクールカウンセラー活用調査委託研究事業（97-00年度）および同事業補助（01年度）として派遣している学校．
⑬ 文部科学省『データから見る日本の教育』2004年

先行文献

① 小沢牧子・佐々木賢・浜田寿美男編『学校という場で人はどう生きているのか』北大路書房，2003年
② 山下英三郎ほか編著，日本スクールソーシャルワーク協会編『スクールソーシャルワーク論―歴史・理論・実践』学苑社，2008年
③ 山下英三郎ほか編著『新スクールソーシャルワーク論―子どもを中心にすえた理論と実践』学苑社，2012年

記録を「書く」ことの意義
―学童保育指導員の仕事の専門性を高める―

　1997年の児童福祉法「改正」によって「放課後児童健全育成事業」が法定事業となった．一般的には学童保育（事業）と呼ばれているこの事業は，この法改正以降，急増している．全国学童保育連絡協議会の調査によれば，法施行前年に全国で9,048カ所であったこの事業は，2004年5月には2.1万カ所（厚生労働省調査）となっている．

　事業が拡大傾向にある一方，大半の学童保育指導員（以下，「指導員」）の身分・労働条件は劣悪である．その背景には，指導員の仕事について「子どもたちが危なくないように見ているだけでいい仕事」，「子どもの遊び相手程度の仕事」，「ボランティアやパートタイム労働のみで担える仕事」という専門性を軽視した見方がある．

　一般的に福祉労働は，悪しき「経験主義」に陥りやすいが，学童保育の現場には，ここに陥りやすい条件が揃っている．現状では指導員の養成課程はなく，現職教育・研修は量質ともに不十分であり，理論化も遅れている．専門職としての組織化も日常的な職員の集団化も多くの地域では未成熟である．経験を唯一のたよりとしていくしかないような条件が揃っているのである．さらには，同じ現場で働く専任指導員が1人きりであったり，会議・準備・記録作成が業務として位置づけられなかったりすることも多い．

　しかし，この実態を克服しようとする動きが，指導員たち自身から広がっている．それは学童保育実践の記録化運動と理論化への取り組みである．全国各地で，実践記録を通して，職員間の交流・学習が組織されている．研究者との協働を進めているところもある．

　指導員の身分や職業の確立は，専門性を明らかにすることと不可分の関

係にある.実践の専門性を明らかにしようとするとき,なぜ実践の記録化という方法が採られるのか.結論から言えば,これを書かなければ,子どもの姿をとらえ,自らの仕事を振り返ることができないからである.

教育や保育の仕事は,コミュニケーション労働としての特性を持ち[1],そこにおける専門性は,マニュアルによる労働とは異なり自ら「行為しながら考える[2]」ことのできる専門性なのである.そうである以上,実践の省察のあり方が「鍵」になる.この時,有効であるのが実践の記録化という方法なのである.「話す」という方法であれば,その場で補足でき,身振り手振りとあわせて表現することもできる.しかし,「書く」という方法は,頼りにできるのは言葉だけである.そして,この制限こそが,自分自身に対して物事を突きつめ整理して考えることを要求するのである.この過程は,言語による実践の省察(実践の言語化=対象化)である.

実践記録を書くということは,自らの仕事を見つめなおし,言語の力によってとらえ,表現する作業であり,楽な作業ではない.よく書けた実践記録であればあるほど,〈実践者=執筆者〉の「分身」のようなものであり,公表され討議の素材となるときには「身」を切られるような思いを伴う.しかし,その成果は確実に現れている.全国学童保育連絡協議会編・発行『学童保育の実践記録集』や学童保育指導員専門性研究会編・発行『学童保育研究』を読むと,学童保育実践をより子どもたちと響きあうものにしようとする努力も成果も見えてくる.

専門性の確立,労働条件の改革への道のりは長く,この活動だけではなしえないことかもしれないが,このようなきり拓き方があることを,取り組んでいない地域の指導員や児童福祉の他分野の人にも知ってほしい.

引用・参考文献
1)二宮厚美『自治体の公共性と民間委託』自治体研究社,2000年
2)D.ショーン(佐藤学・秋田喜代美訳)『専門家の知恵』ゆみる出版,2001年

石原剛志(静岡大学)

第4章
家庭環境への支援を必要とする子どもたち

家出を繰り返す母からネグレクトされた5人きょうだい

　児童相談所に父に連れられて来た6歳をかしらに5歳，3歳，2歳，1歳の5人の子どもたちは，服装は薄汚れ，髪も伸び放題で体中から強い悪臭が漂っていた．父が相談室にいる間，子どもたちはプレイルームで遊びながら待つこととなった．子どもたちは，父と離れても平気な表情でそれぞれ自分の興味のあるおもちゃの置いてある場所に散っていき遊び始めた．午後3時すぎであったが「お昼ご飯食べた？」と聞くと「おせんべ」という答えが長男から返ってきた．

　父は地方都市で育ち，中学卒業後建築の仕事につく．18歳で上京し，仕事をしながら定時制高校に通う．母も父と同じ定時制高校に通い，そこで2人は知り合う．父20歳，母17歳の時，妊娠を機に結婚する．結婚してからも，母は近くにある実家に行くことが多かった．実家には祖母と異父兄が住んでいる．数カ月実家に行ったまま帰ってこないこともあった．結婚後1年足らずで長男が生まれ，その後女児と男児を毎年のように4人出産する．5人目が生まれて半年してから母はパートに出るようになり，子どもたちは保育園に預けられる．

　長男が5歳のときに，父は仕事で単身赴任することになる．その頃から母の保育園のお迎えが遅れることが増え，夜8時すぎまでお迎えに来ないということもあり保育園は困っていた．母が離職したこと，転居を予定していたこともあり保育園は2年足らずで退園する．退園してから，「母が子どもたちを放任している」という通報が団地自治会から児童相談所に寄せられている．子どもたちだけで家にいたり，外で遊んだり一日中放置されているということだった．

　数カ月後，母は子どもたちを連れて家を出て，行方不明になる．父は警察に捜索願を提出し，心当たりを探した．10日ほどして母子は現れたが，母は多額の借金をしていた．他県で内夫と同棲していた母の妹の所に身を寄せて過ごしていたようだった．

　児童相談所には父母と子ども5人で来所．面接の上，上の3人は一時保

護を行い，下の2人は2歳に満たなかったため乳児院に入所となる．その後母は，また家出をして今度は帰ってこなくなる．父のみが子どもたちの面会に来る．3週間後母はみつかったが，父母の関係の修復は難しかった．残りの3人も一時保護所から養護施設に措置され，父母はその後離婚した．

現在父は2週間に1度の割合で面会に行き，子どもたちもそれを楽しみにしている．時々父のところに外泊もしている．子どもたちは父への思いが強いので，できるだけ父との関係を持てるよう施設では配慮している．父は子どもたちを引き取れるよう頑張っているが，なかなか引き取れる目途がたっていない．

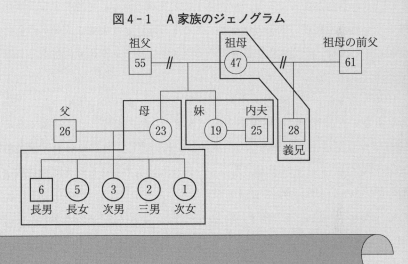

図4-1　A家族のジェノグラム

　事例のように，社会的養護を必要とする子どもたちの多くは，親や親に代わる保護者がおり，孤児や遺棄された子どもの数は少ない．この章では，家庭環境に問題があるために，親のもとで育つことができない子どもたち（要養護児童）の実態と親に代わって養育する施設や里親などの社会的養護の状況について概観する．またさまざまな援助の取り組みについても明らかにすると共にその課題について考えたい．

① 要養護児童の実態

1 養護問題をもつ子どもの実態

近年，親子関係等子どもを取り巻く家庭環境から発生する問題が深刻化しており，虐待，養育拒否などの理由から家庭での養育が困難になり社会的養護を受ける子どもが増加の一途をたどっている．これらの要養護児童に対して，家庭に代わる社会的養護の環境を与え健全な育成を図り，その自立を支援することが社会の責務となってくる．9割以上の要養護児童は乳児院や児童養護施設のような施設型養護に生活の場を移すこととなる．また要養護児童のうちの1割弱の子どもは，家庭に近い形態であるグループホームや里親家庭などの家庭型養護で生活することになる．

1970年を境に「両親の行方不明」「両親の離別」が増加していった．近年もっとも多い養護相談は家庭環境から引き起こされる虐待による相談である．1990年から児童相談所が虐待の相談件数を報告するようになった．児童虐待は徐々に社会問題として注目されるようになり，取り組みも進み相談件数は増加していった．虐待による養護相談件数は，1991（平成3）年の1,171人に対して，2001（平成13）年ではその約20倍の23,274人，2011（平成23）年では約50倍の59,919人へと急増している．現在，児童虐待に対応する公的機関である全国の児童相談所をはじめ関係機関がその対応に苦慮しているのが実情である．次に増加の一途を辿る児童虐待の実態を概観する．

2 児童虐待の実態と背景

児童虐待防止法第2条で虐待は以下の4つの行為類型として規定されている．
1）児童の身体に外傷が生じ，又は生じる恐れのある暴行を加えること．
2）児童にわいせつな行為をすること又はわいせつな行為をさせること．
3）児童の心身の正常な発達を妨げるような著しい減食又は長時間の放置そ

図4-2 社会的養護の体系

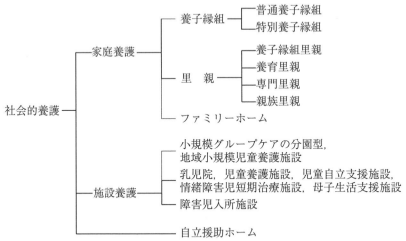

資料：厚生労働省『社会的養護の現状について（参考資料）』2012年，より作成

の他の保護者としての監護を著しく怠ること．

4）児童に著しい心理的外傷を与える言動を行うこと．

最初に，本章でとり扱う児童虐待の定義は，① 加害者が親またはこれに代わる保護者であること，② 児童に加えられた暴行などが非偶発的であること（事故ではない）という，2点を含んだ家庭内で生じる児童の虐待を意味するものである．

昨今，子どもへの虐待による事件が頻繁に新聞に載るようになり，内容も目を覆いたくなるような凄惨な事件が後を絶たない．厚生労働省の調査によると，ネグレクトや心理的虐待の割合が増大している．児童虐待としてのネグレクトや心理的虐待の理解が地域住民や関係機関，児童相談所に浸透し，虐待相談件数が増えていることがうかがえる．一方，身体的虐待等の深刻な事例も後を絶たない（図4-3）．また，被虐待児の約8割は0歳から小学生までの間に虐待を受けており，特に3歳から学齢前の児童に虐待の起きる頻度が高くなっている（同調査より）．

図4-3 児童虐待の相談種別対応件数の年次推移

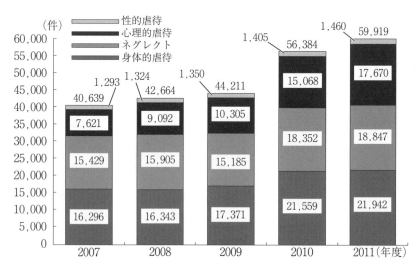

注1）平成22年度は，東日本大震災の影響により，福島県を除いて集計した数値である．
出典：「児童相談所における児童虐待相談処理件数等（社会福祉行政業務報告）」

図4-4 児童虐待相談の主な虐待者別構成割合の年次推移

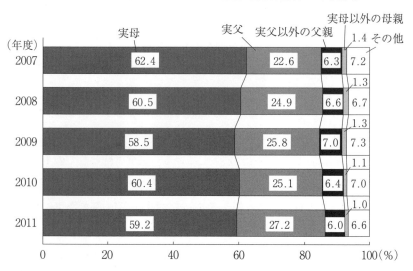

注1）平成22年度は，東日本大震災の影響により，福島県を除いて集計した数値である．
出典：「児童相談所における児童虐待相談処理件数等（社会福祉行政業務報告）」

虐待を行った主たる者は，全体の約3分の2が実母である．この結果からも，現代はいかに母親にとって子どもを養育することが困難になっているかがわかる（図4-4）．

虐待をする親側の要因をみると，経済的に不安定，あるいは若年齢で情緒的・社会的に未熟な状態であることが多い．親自身が虐待を受けた経験をもつ場合もある．一方子どもの側の要因としては，被虐待児277人のうち128人が注意欠陥多動症（ADHD）などの発達障害であったという調査結果[1]があるようにいわゆる手のかかる子などがより親の育児の負担感を増していくことになることも考えられる．虐待は社会的，経済的，心理的要因が複合的に結びつき発生に至っている．親を孤立させるような現代社会の地域の結びつきの弱さもその背景にあると思われる．

イギリスでは子どものケアに関する法律が制定され（「児童法」Children Act 1989），虐待ケースに対処するには多職種アプローチにより，親と協力して取り組むよう要請している[2]．虐待した親は加害者ではなく，パートナーシップにより子どもの将来に向けた計画と決定および問題解決に積極的に参加しているのである．

わが国においても被害者，加害者と分断して対処するだけではなく，児童虐待が起こる背景，要因を考え，虐待傾向の親に対するペアレントトレーニングを行うことにより，子どもとの生活が再びできるような援助にも力を入れることが望まれる．

ちなみに，2010（平成22）年度中の児童虐待相談件数総数57,154人に対し，施設入所措置した児童の割合は7.1%（4,038人），里親等委託は0.7%（389人），面接指導84.3%（48,172人）となっており1割弱の子どもは相談後，保護者のもとから離れて暮すことを余儀なくされている．

② 社会的養護のシステム

児童相談所で受け付けられた養護相談のうち約1割の児童は親のもとに戻る

ことはできず,施設入所となる.社会的養護の必要な児童に対して,社会は家庭に代わる環境を与えて健全な育成を図り,その自立を支援しなければならない.家庭に代わる環境として乳児院,児童養護施設,児童自立支援施設,情緒障害児短期治療施設,グループホーム(地域小規模児童養護施設,小規模グループケア分園型),里親やファミリーホームが児童福祉法等が児童福祉法等で規定されている.以下で,これらの社会的養護を概観する.

1 施設養護

(1) 乳児院

　乳児院は全国に 125 カ所あり,乳児院で暮らしている子どもの数は,全国で 3,136 人(2010(平成22)年10月1日現在,厚生労働省「社会福祉施設等調査報告」)である.乳児院の児童の入所理由は,母親の未婚,精神疾患等疾病や入院,経済的理由,ネグレクトを始めとする虐待等で,家庭の養護機能の脆弱化を顕著にあらわしている.

　乳児院は,乳児の児童養護施設ともいうべきものであるが,乳児は年齢も幼いので,一般児童よりも疾病にかかりやすく,また昼夜を通して 24 時間養護をすることが必要なので,とくに医学的管理を重視して,児童養護施設とは別に施設を設け,医師,看護師,保育士等を中心とする養護ができるようになっている.2000年度以降,児童の早期家庭復帰を支援するための相談,指導にあたる家庭支援専門相談員が配置され,子どもたちが親または保護者のもとで生活できるよう支援している.

(2) 児童養護施設

　児童養護施設は,保護者のない児童,虐待されている児童その他環境上養護を要する児童を入所させて,これを養護し,あわせて退所した者に対する相談その他の自立を支援することを目的とする施設である.全国に 582 の施設があり,29,975 名の児童が生活している(2010(平成22)年10月1日現在,厚生労働省

「社会福祉施設等調査報告」).

　2011(平成23)年6月に児童福祉施設最低基準等の一部を改正する省令が公布施行され，設備の基準や職員配置基準が改正された．

　施設によって規模や運営は異なる．1養育単位当たりの定員数が20人上の大舎制，3〜19名の中舎制，12人以下の小舎制や，6名程度の小規模グループケアがある．2010(平成20)年3月は7割が大舎制であったが，2012(平成24)年3月現在では5割となり，小規模化が進んでいる．

　子どもたちの生活全般は児童指導員（主に福祉系の大学を卒業した人）や保育士たちによりサポートされる．職員1人が担当する子どもの数は，3歳未満では子ども2人につき職員1人以上，3歳から就学までは子ども4人に職員1人以上，小学生以上では子ども6人に職員1人以上配置すること，定員45人以下の施設に，児童指導員又は保育士1人以上を加配することが児童福祉施設の設備及び運営に関する基準第42条に規定されている．

(3) 児童自立支援施設

　児童自立支援施設の前身は，1947年の児童福祉法で「教護院」として児童福祉施設に位置づけられていた．1997年の同法改正により児童自立支援施設となり，「不良行為をなし，又はなすおそれのある児童及び家庭環境その他の環境上の理由により生活指導等を要する児童を入所させ，個々の状況に応じて必要な指導を行い，児童の自立を支援する施設」（児童福祉法第44条）と改正された．不良行為とは，窃盗，家出，性的悪戯，恐喝，乱暴，シンナー吸引などがあげられる．

　児童の不良性を取り除き，社会に適応した人間にすることを目的として，生活指導，学習指導および職業指導を行う．児童福祉法の改正で新たに付け加えられた「生活指導を要する児童」とは，保護者の養育放棄などにより家庭での基本的な生活習慣が習得されていない児童などを意味している．これらの家庭で監護することが困難と判断された児童が，一時親から離れて生活し，個々の

児童の状況に応じた指導を受けることにより，その自立を支援することを目的としている．児童自立支援施設の在所期間は，通常1～2年程度である．

なお，2004年12月の児童福祉法改正で，従来，おおむね2歳未満の子どもを措置する施設であった乳児院においても子どもの障害・病気，きょうだいが一緒に入所しているなどの理由がある場合は，2歳を超えても入所継続ができること，児童養護施設においても看護師による適切なケアが行われることなどの条件を満たせば，乳児を措置できることになった．また児童自立支援施設において就業の支援をすること，児童養護施設などで退所児童に相談等の援助をすることなどの規定も新たに設けられた．

2 グループホーム

従来の施設養護と里親制度の中間的形態としてグループホームがあった．養護に欠ける児童に対し，家庭的な養護形態を提供することを目的とするものである．現在は，施設を小規模化・地域分散型化し，家庭的な養育環境とする施設養護として，地域小規模児童養護施設と小規模グループケアの分園型ホームがある．

地域小規模児童養護施設の対象となる子どもは，児童養護施設に入所する子どものうち，本体施設から離れた家庭的な環境の下で養育することが適切なものとされている．職員が入所している子どもに対して適切な援助及び生活指導を行うことができる形態で，定員6名で，常勤2名（児童指導員又は保育士）と非常勤1名，管理宿直専門員（非常勤）1名の養育体制である．

小規模グループケアの分園型ホームは，本体施設職員等との連携が可能な場所において実施する必要があり，定員6～8名で，5.5名に1名の職員に小規模ケア加算常勤1名，管理宿直等加算の非常勤1名分となっている．

小規模化により，子どもたちは食事の準備や片付け，買い物等も一緒に行い，職員と衣食住を共にし，家庭的な雰囲気の中で暮らしていけるようになった．

3 里親制度

　里親制度とは家庭で育てられない18歳未満の子どもに新しい家庭を与え，子どもを健やかに育てようとする制度である．里親とは「養育里親及び厚生労働省令で定める人数以下の要保護児童を養育することを希望する者であって，養子縁組によって養親となることを希望するものその他のこれに類する者として厚生労働省令で定めるもののうち，都道府県知事が児童を委託する者として適当と認めるものをいう．」(児童福祉法第6条の4) と規定されている．里親家庭の中に里子は家族の一員として迎えられ温かい愛情を受けながら生活していくことになる．里親の役割としては，子どもとの信頼関係を形成し，子どもに親や家庭のモデルを学ぶ機会を与えることである[3]．

　里親には4種類の里親があり，子どもの養護の状況に応じて適切な里親に委託される．

(1) 養育里親

　社会的養護の一環として，養子縁組を目的とせず実の親が引き取る見込みのある子どもまたは，実の親の意向により養子縁組ができないといった子どもを家庭復帰できるまで，あるいは18歳になるまで家庭に引き取って養育する里親のことである．従来の短期里親的養育（数日から1年以内ほどの期間の限った養育）も含んでいる．養育里親研修の受講が必要である．

(2) 専門里親

　養育里親の内，被虐待経験などから心理的外傷を受けたり，または非行や障がいがあり，専門的ケアが必要であると診断された児童を対象に，原則として2年以内の期間で委託される里親のことである．専門里親は上記の児童に対するケアの専門性を有し，かつ委託の要件が付され，手当の加算等が配慮されている．

(3) 親族里親

子どもの実親がその子を養育できない状態にあり，やむを得ない事情がある場合に限り，祖父母やおじおばなどの子どもの三親等内の親族でその児童のケアに関する適正を有している者が里親として認められるようになった．委託が解除された時点で親族里親としての認定は解除される．

(4) 養子縁組によって養親となることを希望する里親

養子縁組によって養親となることを希望する者で里親の認定を受けた者であり，適切な養子縁組が結べるようにするものである．養子縁組には普通養子縁組と特別養子縁組がある．

2008年から里親手当は倍額に引き上げられ，里親支援機関事業が実施され，2011（平成23）年から「里親委託ガイドライン」が策定された．2010（平成22）年の登録里親数は7,669人，委託里親数2,971人，委託児童数は3,876人である（厚生労働省「福祉行政報告例」）．

家庭養護の一貫としてファミリーホーム（小規模住居型児童養育事業）が2009（平成21）年に創設された．家庭的養護を促進するため，養育者の住居において行う点で里親と同様である．児童間の相互作用を活かしつつ，自立を支援するもので，定員5～6名である．2011（平成23）年ファミリーホーム数は145か所（厚生労働省「家庭福祉課調べ」）で，委託児童数は497名である（厚生労働省「福祉行政報告例」）．

③ 近年における社会的養護の改革

社会保障審議会の「社会的養護のあり方に関する専門委員会」の報告を受けて，厚生労働省は大規模な施設から，子ども6人程度のグループホームや里親など家庭的な養育に転換する方針を打ち出した．欧米諸国ではすでに大規模施設ではなく，里親やグループホームが主流になっているが，日本でも子どもの人権という視点に立った児童福祉施策を推し進めるため，以下の制度や事業が

展開されている.

1 グループホームの充実

かつて児童養護施設の子どもたちは,義務教育または高校を卒業した後は施設を退所し自活しなければならなかった.しかし養護施設の生活を長く経験した子どもたちの中には,家庭生活の経験が乏しいため,施設を出てひとりで自立して生きていくのが困難な子どもが多い.近年,施設を小規模化・地域分散型化し,家庭的な養育環境とする施設養護として,地域小規模児童養護施設と小規模グループケアの分園型ホームが制度化された.施設にいる子どもたちの中には,乳幼児の時からずっと施設生活をしていて家庭生活を知らない子どももいる.それらの子どもたちに地域社会の中で家庭的雰囲気の中での生活を経験させることが将来自立して生きていくためには必要なことである.

地域小規模児童養護施設の対象となる子どもは,児童養護施設に入所する子どものうち,本体施設から離れた家庭的な環境の下で養育することが適切なものとされている.

2 虐待された子どもの増加への対策

虐待等家庭環境上の理由により児童養護施設に入所する児童の割合が増加しており,2002(平成14)年度の調査によると収容児童の52.2%が被虐待児であることが報告されている(全国児童養護施設協議会).虐待により心的外傷を受けた児童に対しては,遊戯療法や箱庭療法等の心理療法により心の傷を癒すことが必要である.また,親子関係の再構築を図るためには,保護者へのカウンセリングや家族療法等の方法も重要となる.そこで,対象10人以上に心理療法(指導)を行う心理療法(指導)担当職員の配置が義務化された.このため,大学で心理学を修め心理療法の技術を有する者を,児童養護施設等に非常勤職員として配置し,児童およびその保護者の心のケアを行っている.

また被虐待児には,過度な甘えや,過敏反応,他児への暴力,不眠傾向など

が見られ，他児への影響が大きく集団生活に不適応な状態をきたす場合がある．それらを考慮し，集団生活では持つことが難しい個人的な受け止めの場を用意し，職員と児童との1対1の関係性の中で安全感や安心感を確保し，その児童と職員との信頼感を形成していくことが重要になる．そのため，2001年より，豊富な知識と経験を有する主任児童指導員またはそれに準じた職員1人を被虐待児個別対応職員として，個別面接や，生活場面での1対1の対応，保護者への援助，他の児童指導員等への助言，里親への紹介等にあたることになった．そのために変則勤務から外し，専念することができる環境を整え，被虐待児の処遇の充実を図るものである．

そのほか，厚生労働省は2002年10月から被虐待児や行動問題をもつ子どもを受託して養育する専門里親制度などの導入を決めた．被虐待児は温かい愛情と正しい理解を持った家庭の中で個別的に養育されることが有益であることが明らかになり，施設では不可能な家庭的な援助を行うことのできる専門的な援助技術をもった専門里親制度を創設し，早期の家庭復帰を目指すものである．

④ 「児童虐待の防止等に関する法律」の動向

1 「児童虐待防止法」の概要

児童虐待の相談件数の急増に対応して，2000年5月17日に「児童虐待防止法（児童虐待の防止等に関する法律）」が国会への法案上程から6日間という短期間で成立し，11月20日から施行された．

児童虐待防止法の主な内容は，以下のとおりである．

1) 「児童虐待」の定義
2) 児童に対する虐待の禁止
3) 国及び地方公共団体の責務
   関係機関及び民間団体の連携の強化，職員の人材の確保及び資質の向上，広報等の啓発活動の実施
4) 児童虐待を発見しやすい立場にある者（教職員，医師，弁護士等）の早期発

見の義務
5）国民の通告義務
6）児童虐待を受けた児童の適切な保護
- 速やかな安全確認及び一時保護，立入調査，警察官の援助
- 虐待を行った保護者がカウンセリングを受ける義務，面会・通信の制限

7）親権の適切な行使

　児童福祉法では，児童虐待に十分対応できる制度が用意されていなかった．また，児童虐待に対応する児童相談所を中心とした教育機関，福祉事務所，病院などと連携して取り組めるようなシステムができていない状況にあった．既存の法制度がより実効的に機能するよう，通知や運用に法的根拠を与えたものであるが，国会で児童虐待が正面から取り上げられて議論され，戦後はじめて虐待をテーマとした法律が制定されたことは評価されるべき点である．

　「児童虐待防止法」は施行後3年を目途として再検討を加えるという付則がつけられた．「児童虐待防止法」の不十分な点は各方面から指摘されており，成立直後から見直しに向けた議論が始まっていった．

2　2004（平成16）年「児童虐待防止法」の改正

　児童虐待防止法では児童相談所が虐待を疑われる家庭に介入するのも困難な状況にあり対応に苦慮していた．このような悲劇を繰り返さないため，児童虐待防止法改正案が2004年4月7日に成立し，同年10月1日に実施された．

　改正前の児童虐待防止法では「虐待を発見した場合」に限定しているのに対し，改正法では「証拠がなくても体のあざなどから虐待を受けたと思われる子どもを見つけた場合」に対象を拡大した．虐待の防止，早期発見から心身に傷を負った子どもの自立援助までの全段階を国と自治体の責務で総合的に取り組んでいくことなどが盛り込まれている．

　改正法のポイントのひとつは，虐待を子どもへの「著しい人権侵害」とはっきりと位置づけたことである．親であっても子どもの心身を不当に傷つけることは許されないという認識を親のみならず広く一般の人々も持つことで，もっ

と周囲の子どもにも目を配るようにならなければならない．そのような環境を整えることにより虐待を未然に防ごうとすることが改正法のねらいといえる．

2つ目のポイントとしては，心理的虐待の中に「児童が同居する家庭における配偶者に対する暴力」が明記されたことがあげられる．家庭内暴力は配偶者への虐待であると同時に，子どもにとって直接的に暴力を受けなくても家庭内暴力の現場にいることだけで深刻な心理的ダメージを受けることが明確にされたのである．

今回の改正法では児童相談所が警察に援助要請した場合，警察も必要な時には対応に努めなければならないとし，児童相談所と警察との連携を強化した．また，虐待の定義に関しての課題としては，「保護者による」虐待と定義を限定したことは今後検討すべき点であろう．[4]

3 2007（平成19）年「児童虐待防止法および児童福祉法の改正」

2004（平成16）年の改正児童虐待防止法附則の見直し規定を踏まえ，児童虐待防止対策の強化を図る観点から，「児童虐待防止法および児童福祉法の改正」が国会に提出され，2007（平成19）年5月25日に成立し，2008（平成20）年4月1日から施行された．主な改正事項として，1点目は，児童の安全確認等のための立ち入り調査等の強化があげられる．保護者が出頭要求に応じない場合，裁判所の許可を得て，児童相談所が強制的な立ち入り調査を行う権限が付与された．また，立ち入り調査を拒否した場合の罰金を「30万円以下」から「50万円以下」に引き上げる．2点目は，保護者に対する面会・通信等の制限が強化された．都道府県知事は，保護者に対し，児童へのつきまといや児童の居場所付近でのはいかいを禁止できることとし，当該禁止命令の違反につき罰則を設けた．3点目は，保護者に対する指導に従わない場合の措置が明確化された．児童虐待を行った保護者に対する指導に係る都道府県知事の勧告に従わなかった場合には，一時保護，施設入所措置その他の必要な措置を講ずることになった．また，児童虐待の予防と防止に向け，国および地方公共団体は，重大な児

童虐待事例の分析を行うことを責務とした．

4 児童虐待防止に関する2008年以降の法改正

(1) 2008年　児童福祉法の改正

①児童虐待の発生予防として，乳児家庭全戸訪問事業や養育支援訪問事業，地域子育て支援拠点事業等子育て支援事業の法定化　②早期発見や対応として市町村の要保護児童対策地域協議会（子どもを守る地域ネットワーク）の機能強化　③里親制度の改正や施設内虐待の防止　等が定められた．一部を除き，2009年4月から施行された．

(2) 2011年　民法と児童福祉法の改正

児童虐待の防止等を図り，児童の権利利益を擁護する観点から親権と親権制限の制度等の見直しのため，民法と児童福祉法が改正された．

民法改正により親権の停止制度を新設し，児童福祉法の改正により施設長等の権限と親権との関係の明確化，里親委託中に親権者等がいない場合に児童相談所長が親権を代行すること，一時保護の見直し等が行われた．

2011年6月公布により一部施行され，2012年4月から全面的に施行された．

(3) 児童福祉施設最低基準の改定

児童福祉施設最低基準は，2011年改正に伴い「児童福祉施設の設備及び運営に関する基準」と改称された．

⑤ 今後の課題

1 施設養護の課題

近年は，小集団による家庭的な養護が子どもには必要であるという認識は広く認められるようになってきたが，グループホームの付設が奨励されてはいる

ものの児童養護施設では依然として大規模施設養護が中心となってきた．そこで2003年にまとめられた「社会的養護のあり方委員会」報告書ではケア形態の小規模化を進めることがはっきりと示された．また，2011年には，児童養護施設等の社会的養護の課題に関する検討委員会・社会保障審議会児童部会社会的養護専門委員会とりまとめ「社会的養護の課題と将来像」が発表され，省令改正が行われた．ようやく施設の小規模化や家庭的養護の推進が進められようとしている．今後はケア形態の小規模化を進める上でスーパーバイザーの配置やプログラムなどシステムづくりができるよういかにバックアップをしていくかが課題となってこよう．

　虐待を受けトラウマを抱える子どもや，またそうでなくても親元を離れて施設で生活するという負担などから，心に悩みを抱えていたり，その心の悩みから好ましくない行動を起こす子どももいる．施設は，単なる生活施設ということだけにとどまらず，子どもの心のケアに取り組む必要がある．そのためには，多様な問題を持つ子どものニーズに答えられるだけの十分な職員数や心理職員の常勤化，地域の治療機関と連携した継続的なケアの保証，施設における教育環境や設備の充実などの改善が求められる．また，「社会的養護における「育ち」「育て」を考える研究会」の提起による施設入所児のための「育てノート」「育ちアルバム」といった，子ども当事者の支援の方法の検討も求められる．

2　里親制度の課題

　2010（平成22）年度では，施設養護の措置に対し家庭養護のファミリーホームや里親への委託は一部の要養護児童にしか保障されていない．欧米での要養護児童対策は里親委託を主軸としており，児童福祉施設は里親制度を機能的に補充する目的としてある．

　2000年前後の統計から欧米における要養護児童に対する委託児童の割合は，アメリカ76.7％，オーストラリア91.5％，イギリス60.0％，イタリア62.1％などで他の諸国も少なくとも3割（ドイツ，ベルギー，香港）以上が里親委託され

ている（2000年前後の統計資料）．イタリアのように「2006年までに児童養護施設は全廃する[5)]」と法律で宣言した国があるように，多くの国は「施設から里親へ」という流れを辿っている．施設養護よりも家庭型養護の家族集団が持つ養育機能の優位性の認識が行き渡っているからである．1割に満たない日本の里親委託は世界の中から見ても，もっとも立ち遅れている国である．

　日本においては，里親は篤志家しかなれないのではないかなどという里親に対する偏見や，里親との姓が異なることなどから里子に対する差別が今だに根強く，理解されにくいという現実がある．社会的養護を必要とする子どもが増加を続ける今日，温かい愛情と正しい理解を持った家庭の中で個別的に養育する里親養護は今後ますます重要となってくる．行政をはじめ関係機関は連携して正しい里親観を普及させ，里親制度の充実が優れた社会的養護としての役割を果たせることを理解してもらえるよう広報活動などを積極的に展開していくことが今後の課題といえよう．

注・引用・参考文献

1)『朝日新聞』「発達障害理解を深めて」の中のあいち小児保健医療総合センターにおける調査の紹介記事より，2004年11月29日
2) ドロタ・イワニエク（桐野由美子監修，麻生九美訳）『情緒的虐待・ネグレクトを受けた子ども―発見・アセスメント・介入』明石書店，2003年，p.242
3) 家庭養護促進協会『里親が知っておきたい36の知識』エピック，2004年，pp.14-15
4) 森田ゆり『岩波ブックレットNo.625　新・子どもの虐待―生きる力が侵されるとき』2004年，pp.15-16
5) 主任研究者湯沢雍彦『平成14年度研究報告書「里親委託と里親支援に関する国際比較研究」』平成14年度厚生労働科学研究（子ども家庭総合研究事業），pp.234-235

〈参考文献〉
① 全国社会福祉協議会「特集『社会的養護のあり方検討会』報告書と児童養護施設の役割」季刊『児童養護』Vol.34　No.3，2004年

先行文献

① 坂本洋子『ぶどうの木』幻冬社，2003 年
② 長谷川眞人『児童養護施設の子どもたちはいま―過去・現在・未来を語る』三学出版，2000 年
③ 上野加代子編著『児童虐待のポリティクス―「こころ」の問題から「社会」の問題へ』明石書店，2006 年
④ 武藤素明編著『施設・里親から巣立った子どもたちの自立―社会的養護の今』福村出版，2012 年

第4章　家庭環境への支援を必要とする子どもたち　115

他人同士が親子になるまで
－親になる決断をした里親夫婦の語りを通して－

　実子を持つことを望みながら不妊などの理由から授からず，それでも子どものいる生活がしたいと敢えて非血縁の子どもを迎えて親になることを選択したのが里親（養親）夫婦である．

　鈴木夫妻は一郎さんが25歳，由紀子さんが23歳のときに結婚した．結婚して数年たっても子どもが授からなかったので不妊治療に通った．しばらく治療を続けるうちに由紀子さんは，子どもができないままずっと夫と一緒に転勤を続けて人生が終わっていいのだろうかと考えるようになった．ある日，婦人の会のボランティア活動で養護施設に行った．家庭で育つことができないたくさんの子どもに会って，これらの子どもを育てたいと思った．「治療を続けるのも一つの生き方だけど，子どもをもたないのも，養子を迎えるのも一つの生き方だよ」という主治医の言葉がもう一歩由紀子さんの気持ちを後押ししてくれた．由紀子さんは，一郎さんに里親として子どもを育てたいことを話し，同意を得た上で，地元の児童相談所に里親登録した．2年後鈴木夫妻には3歳のケイちゃんが家族として加わった．

　里親のもとに来た子どもと親子関係を築くまでに，通常3つの段階を経る．鈴木夫妻が施設に面会に行ったときは，おとなしい子ですぐに慣れて大丈夫かなと思った．家庭に来てからも自分の着た衣服はたたむし，手がかからなかった（第1段階：見せかけの時期）．しかし3，4日してからだんだん何もやらなくなってきた．朝から友達の家に行って夜まで帰ってこない．家では3ヶ月は自分で歩かずおんぶに抱っこを要求し，哺乳瓶で牛乳を飲み赤ちゃんのようになった（第2段階：試しの時期）．由紀子さ

んは毎月児童相談所の里親委託後研修にケイちゃんを連れて通った．その時に児童相談所の職員や先輩里親から，はじめは良い子をしているが，そのうち自分を本当に受け入れてくれるのか里親を試す時期があること，でもその時は矯正せずに受け入れるようアドバイスを受けていた．

当時のことを振り返って「子どもの身になってみると仕方がなかったんです．1度家を出ると戻ってこなかったのも，乳児院にいたケイは，それぞれの子どもに親がいて夕方には家に帰ってご飯を食べる，こんな当たり前のことが理解できない状況にいたんだって思いました．ほとんど叱ることも躾けることもしなかったけれど，4ヶ月ぐらいからだんだん落ち着いてきたように思います（第3段階：親子関係成立の時期）．」と由紀子さんは話してくれた．

実子の養育でも困難な現代において，血縁のない大人と子どもが親子になっていく過程にはさまざまな問題が起きることが多く，地域の理解や社会の支援がさらに必要となる．鈴木夫妻の住む地域の児童相談所では里親委託後，約1年の間毎月，職員から里親養育の情報提供や助言，里親仲間と話し合えるサロンを設け，子育て支援をしている．しかし，このような取り組みをしている児童相談所は少なく，里親への支援はまだ課題が多い．また，子どもの成長に応じて育ての親であることを伝える真実告知や，思春期になって生みの親を知りたいと思うようになったときにどうするのかなど，非血縁の親子特有の問題もあるため，里親養育に対して長期にわたる支援が強く求められている．

注）文中の氏名はプライバシー保護のため，仮名としてある．

参考文献
森和子「「親になる」意思決定についての一考察―実子を授からず里親になった夫婦の語りを通して―」『家族関係学』No.23　日本家政学会家族関係学部会 2004年

　　　　　　　　　　　　　　森　和子（文京学院大学）

第5章
非行問題をもつ子どもたちへの支援

触法少年（14歳未満）の処遇の事例

　2003年6月，沖縄県北谷町で中学2年（13歳）が殺害された事件で，沖縄家庭裁判所沖縄支部は，ほかの少年らと暴行して殺害し，遺体を埋めたとして，遊び仲間だった中学2年の男子（13歳）を児童自立支援施設へ送致する保護処分を決定した．そのうえで2005年3月末まで最長180日間，行動の自由を制限する強制的措置がとれるとした．また，2003年7月，長崎市で幼児（4歳）が誘拐後，殺害された事件で，長崎家庭裁判所は，立体駐車場の屋上から突き落とし殺害したとして，中学1年の男子（12歳）を児童自立支援施設へ送致する保護処分を決定した．そのうえで向こう1年間，行動の自由を制限する強制的措置がとれるとした．開放処遇を原則とする児童自立支援施設で，家庭裁判所が通算日数を定めず，1年間の強制的措置を許可するのはきわめて異例である．なぜ，このような処遇になるのだろうか．

　わが国の刑法第41条（1907年制定）では，刑事責任能力を14歳と定めているため，これらの少年は，いずれも刑罰法令には触れるが，刑事責任を問われない行為（触法行為）として児童相談所から家庭裁判所に送致され，少年鑑別所での観護措置のあと，審判において，この施設への入所が決定された．事件当時は，14歳未満の者は少年院送致ができなかったため，触法少年の処遇では，強制的措置を付けて児童自立支援施設送致という保護処分が「最も重い処分」であった．しかし，少年による殺人などの重大事件が頻発したことから触法少年の処遇について議論されることとなった．

　2005年の法制審議会の議論，答申を経て，2007年，少年法が改正された．本改正の主な点は，①触法少年の事件に関する警察の調査権を認め，必要があるときは押収，捜索，検証または鑑定の委嘱を可能とすること，

②少年院収容可能年齢の下限（14歳）を削除し，14歳未満も少年院送致を可能とする，③家庭裁判所は，保護観察中の者が遵守すべき事項に違反したとき児童自立支援施設送致，少年院送致の保護処分をしなければならない，であった．この改正により，14歳未満の少年の少年院送致が可能となり，少年院法第2条に少年院送致可能な年齢の下限を設け「おおむね12歳以上」とされた．また，2008年の法改正で，少年犯罪被害者・遺族に対する被害者等の申し出により，少年の年齢や心身の状態等を考慮して（裁判官が）相当と認めるときは，審判の傍聴を許可する制度が創設された．これらの改正，特に「厳罰化」については議論のわかれるところである．

本章では，非行問題をもつ子どもたちの具体的な事例を挙げながら司法や福祉における法制度の対応と，その課題を学ぶことにする．

1　最近の子どもたちの実態

1　子どもたちの荒廃

　子どもたちの荒廃が後を絶たない．生徒指導上の諸問題に関する文部科学省（2010年度）の調査では，小・中・高等学校および特殊教育諸学校（国公私立）でのいじめは7万5千件，小・中・高等学校（国公私立）での暴力行為（校内）は5万3千件に及ぶ．また，学校に適応できない子も多い，小・中学校（国公私立）の不登校生徒児童数は11万4千人を超え，高等学校中途退学数（国公私立）5万3千人に上る．出席停止の措置がとられた件数（公立小・中学校）は51件（うち対教師暴力，生徒間暴力，授業妨害が7割強を占める），児童生徒の自殺者数（国公私立小・中・高等学校）は147人になる．

　さかのぼると，長崎・幼児誘拐殺害事件（2003年7月），佐世保・小6同級生殺害事件（2004年6月）など，子どもによる重大な事件の続発も世間を震撼させた．子どもを取り巻く，社会環境や教育環境を何とかしなければという思いはあるものの，具体策がみつからない．ひと昔前には「うちの子に限って」と発せられた保護者の言葉が，「もしかしたらうちの子も……」という不安に変わってきた．子どもたちの荒廃の原因は何か，どうすれば改善できるのか．その手立てを考えたい．

2　被虐待と非行・犯罪との関連

　これまで，虐待を受けた経験が非行・犯罪と結びつきやすいことが，いくつかの調査で明らかになっている．1つは，法務省・法務総合研究所が2000年7月に行った調査である．全国の少年院（中期教育課程）に在籍する少年に対するアンケート調査の分析をみると，家族から身体的暴力，性的暴力および不適切な保護態度のいずれか1つでも受けた経験のある者は，全体の7割になるという数字が出ている．

2つ目は，日本弁護士連合会が2001年2月～5月に行った調査である．罪を犯した少年500人とその親を対象に，生活ぶりや家族，友人との関係を尋ねるアンケートを実施した．この調査で特徴的だったのは，少年の非行と親の虐待との関係だった．全体の6割にあたる少年が親から身体的な暴力や暴言，無視といった虐待行為を受けた経験があると答えている．特に，親が「厳しくしつけた」と言い，子は「虐待を受けた」と答えた組み合わせに，問題行動の割合がより高かった（『朝日新聞』2001年10月5日）．

3つ目は，国立武蔵野学院（児童自立支援施設）が1999年に全国の児童自立支援施設を対象に行った調査である．全国57施設のうち，回答のあった50施設，1,405人をみると，「被虐待経験をもっている児童」は684人（48.7％），「被虐待経験のない児童」は461人（32.8％）であった．また，平成20年児童養護施設入所児童等調査（厚生労働省）においても児童自立支援施設入所児の65.9％が被虐待経験をもつという結果が示されている．つまり，入所児童のうち何らかの虐待を受けた経験をもっている子どもは，在籍児童の約6割という高い比率を示している．これらの結果から，非行問題をもつ子どもたちへの支援・指導のあり方も，問われている．

3 反社会的行動の背景

非行とは，暴力などの非合法的な手段をもって社会に反発することであり，被害者を生む．その行為は反社会的で許されるものではない．その結果，当事者の子どもだけではなく，親も周囲から厳しい批判を受けることになる．最近の少年事件から，発達期にある子どもといえども教育的懲戒，場合によっては刑罰によって更生を図るべきであるという厳しい論調も出ている．しかしながら，非行の背景をみると，かつてJ．ボウルビィ（イギリスの精神医学者・1907～1990）が提唱した「愛着関係」の再生を基本とする福祉的視点からの支援が中心でなければならないことに気づく．「非行，非行」とその行為から子どもを責めても，真の解決にはならない．ひとは「愛が満たされているとき，

私たちは周囲の人たちが多少自分の思い通りになってくれなくても，寛大に許すことができる」[1]のであるが，悪いことをやめようと思っていても心の強さがなくて達成できない子どもたちである．

心の強さを身につけるためには，我慢や訓練だけではなく，「自分は受けとめられている」「愛されている」という実感を養育の中で体験させることが必要である．「がんばれ，がんばれ」と背中を押すだけでは，当人は何を頑張ればいいのか，わからない．がんばる力が内からわいてこない．生きる力は，根性では培えない．自分は誰かに支えられているかどうか，依存関係が存在するかどうかによる．自分をみてくれているか，支えてくれているか，疲れたときに休息する場が存在するかどうか，それが大きなウエイトを占める．非行は，愛着の病理と言える．だからこそ，愛着の再生が重要になる．

4 自立支援の視点

(1) 青少年自立支援センター

2003年8月，青少年自立支援センター「ビバハウス」（北海道余市町）を訪問する機会があった（ビバとはイタリア語などラテン系の言葉で「(人生)万才」を表す）．そこは，2000年3月まで北星学園余市高校の教員だった安達俊子夫妻が立ち上げ，運営しているグループホームである（『教育』2003年5月号）．

マスコミにも数多く取り上げられている北星学園余市高校には，全国からそれぞれの事情を背負った若者が入学してくる．在学中はもちろん，卒業後もあらゆる相談が持ちかけられる．神奈川出身のある卒業生は，大学への入学を果たしながら，2回の休学のあと，実家に帰り，引きこもり状態に陥る．そして，「余市に行って暮らしたい」との言葉を残して自ら命を絶ってしまう．「余市に来たいと言ってくれば，どんなことをしてでも受け入れ，生活をともにしよう．二度と再びこのようなことは繰り返させない」というのが，そのときの安達夫妻の決意だった．

運営は「NPO法人・余市教育福祉村」が行っているが，すでに定員をオー

バーし，福岡県や埼玉県出身の16歳から32歳までの若者13人が生活をともにしていた．それぞれ長い間の引きこもり体験者が多くを占めるが，様々な理由により社会的自立に困難を抱えている青少年である．マスコミや出版物からこのグループホームの存在を知り，全国から問い合わせが後を絶たない．

　安達夫妻は，若者たちとの共同生活を通して社会的自立への道を切り開こうとしている．それは，共同の食事作りに始まり，農作業・除雪のアルバイト・ペンションの手伝い・シイタケ栽培・レストランでのアルバイトなどの労働，合気道・卓球などのスポーツを通しての共同生活であり，そこから若者同士の信頼感も生まれ，短期間にめざましい変化を示すという．安達俊子さんは，マスコミにも取り上げられている，ヤンキー先生・義家弘介さんをかつて北星学園余市高校で担任したことがある．「本当は，全国すべての市町村にビバハウスが必要ではないでしょうか」と静かに語っていたが，「あとは葬式のお金さえあれば十分ですから……」と退職金や自身の年金もこのグループホームの運営につぎ込んでいる．疲労感の多い仕事だが，地域のなかで多くの支援を得て，活動している．

(2)　自立援助ホーム

　二つ目は，「自立援助ホーム」である．このホームは児童福祉法の一部改正（1997年制定．以下，改正法という）ではじめて児童自立生活援助事業として位置付けられ，少年院や児童養護施設，児童自立支援施設を出たけれど，家庭崩壊などで行き場を失った少年・少女たちが地域のなかで生活するところである．多くは，定員6人程度のグループホーム形式で，夫婦や職員がともに暮らして相談にのる．少年たちが困ったときや疲れたときに帰ってくることのできる場所である．最近は家庭での虐待などから直接入所を希望するケースも増えている．まさに施設の子だけではなく，一般家庭の子に必要としている．現在，全国に82カ所（2011年10月）運営されているが，一施設当たりの補助金は，定員10人未満の施設で年間約639万円（2012年度）だけである．横浜市や東京都の

ように自治体独自で上乗せし，年間1千万円以上の補助を出す自治体もあるが，それでも，運営費の不足分は支援者からの賛助金などに頼っているのが現状だ．

ホームでは，①働くこと　②生活費を入れること（食事代や水・光熱費を手取りのなかから毎月3万円払う）　③自立に向けて貯金をすること（住むのは半年から1年が基本．その間に自立の準備をしてアパートなどに移る）などを大まかな規則にしている．しかし，管理を主体とする「施設」ではない．入居も本人の意思による．「今の時代，18歳で完全に自立するのは難しい．家庭という寄る辺をもたない少年・少女たちに，それを性急に求めるのは酷であろう．再挑戦，再々挑戦する間，社会全体で彼らを見守る仕組みが必要」（読売新聞・2003年8月16日）である．

(3) 子どもたちの居場所

自立という言葉を辞書で引くと，「他の援助や支配を受けず自分の力で身を立てること」（広辞苑）とある．しかし，今日的には自立とは「他を適度に受け入れ，他に適切に依存できる状態．そのような相互依存を適切にできるようになり，自分でやろうとする意欲（主体性）をもてたとき」（遠藤浩）と考える．「人が新しいことに挑戦できるのは，『心の安全基地』が確保されているからである」（J.ボウルビィ）ことを痛感する．

これら二つのグループホームは，少年たちにとって「生活の場」であり，彼らの「居場所」になっていることがわかる．居場所とは単なる場所ではなく，喜怒哀楽の感情を十分に気兼ねなく表出できる，安心できる場である．安心できる居場所があって，はじめて人間はそこで何かをすることができる．将来に向けて努力を積み重ねていくことができる．これらのホームが大切にしているものは，家庭的な雰囲気や温かな人間関係を育てるための配慮である．少年たちと生活をともにして触れ合いながら作り出す雰囲気を大切にしている．自分の居場所を体感させ，彼らが自立へ歩み出す支援を心がけている．「メンバー一人ひとりにとってそこに帰属性の感覚が生まれるのであり，帰属性は，そこ

が自分にとって受けとめ手のいる場所であると感じたときに生まれるものであると言い得ることができる．もちろん受けとめ手は特定の人であるだけでなく，その人を含んだ場」(芹沢俊介)でもある．

東京都の調査 (1997年) によると，約35％の中学生男子が「この家庭に生まれてよかったと思える体験を一度も，あるいはほとんどしていない」と答えている．高校生男子になるといくらか減るが，それでも33％に達している．実に3分の1強の少年たちは，この家に生まれてよかったと思える家族体験を持てないでいる．自立に向けて家を出たいというのではない．居場所を求めて，家を出るのだ．それは，「しだいに無力感に襲われ，人生に投げやりになっていく」ことにもつながる．

5 思春期への対応

昨今の子どもの問題は，親の問題でもある．親自身が自立できないことの影響が子育ての様々なところに表出している．思春期は，狭義には12歳～14歳，広義には12歳から17歳ぐらいを指すと言われるが，少年たちの問題はこの思春期に表出し，それに対する周囲の対応がきちんと行われていないことが多い．

思春期は，「性的・身体的に成熟に向けて大きな変化を迎える時期であり，ホルモンをはじめとして身体のさまざまな部分で，これまでのバランスが崩れ，新しい均衡へ向かう．この過程は精神面にも大きな影響を与え，内的な緊張や，やり場のない衝動がうっ積したりする．また精神的には自我の独立に目覚めることにより第二反抗期を迎え，既成の権威に反発することで自らの個別性を主張し，独立を確認しようとする．この時期が疾風怒涛の時代とよばれるゆえんである[2]」と言われる．第二次性徴期は，心身共に大きく成長する．自分の理屈を作っては，それを親や教師にぶつける．「大人はうざい」といいながら，一方的に甘えたり，べたべたすることもある．偉そうなことを言いながら，甘えてもくる．自立したいが，なかなかできない．今，自立できないことは彼らが一番知っている．この不安感を聞いてほしい．受けとめてほしい．心の安定感

図5-1 非行傾向のある児童への福祉的対応

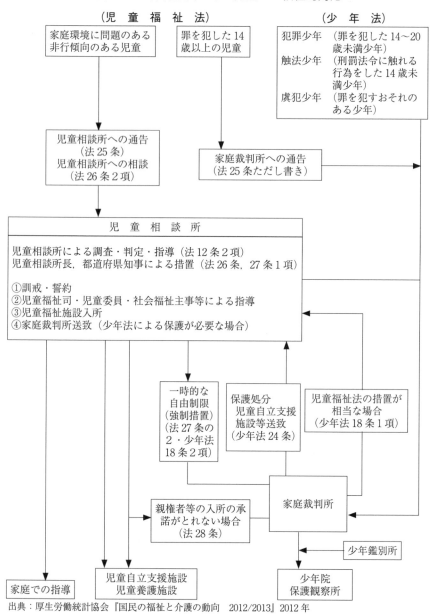

出典：厚生労働統計協会『国民の福祉と介護の動向 2012/2013』2012年

を求めてくる．しっかり甘えを受け入れてもらえなかった子は，なかなか自立につながらない．依存体験がないと，自立にはつながらないことがわかってきた．子どもたちは，依存体験をもたらす甘えを果たして充足できているのだろうか．家庭や学校の場で，喜怒哀楽の感情を十分に表出することができているのだろうか．

　非行をもつ子どもたちは，本当は甘えたいのに，甘える心を受け入れられずに生活してきたのである．甘えるのが下手な子どもたちである．それが，非行となって現れている．思春期の問題行動は，一時的なもので，周囲の対応が良ければ，しだいに落ち着きを取り戻すことが多い．非行として表出する行動も，こちらを見てほしい，関わってほしいという彼らの叫びである．しかし，思春期の始まりはどんどん早くなり，一方では思春期の終わりが遅くなっている．この結果，人格的に大人になりきれていない時期から子育てが始まってしまう．子育てがつらくなり，やがて虐待へとつながってしまう．

　非行をもつ子どもたちは，慢性的な不満感を持ち続けている．「どうせ俺なんか」「自分なんてどうでもいい」という自己否定感に覆われている．「価値ある人物との出会い」（エリクソン）から「基本的信頼の回復」を図るべきであろう．

② 非行をもつ子どものための法制度

1 少年事件の系統図

(1) 触法少年・虞犯少年・犯罪少年の違い（図5-1参照）

　わが国では，刑法第41条（1907年制定）で刑事責任年齢を14歳と定めている．このため，同じ犯罪でも14歳以上は「犯罪少年」として，14歳未満は「触法少年」として，それぞれ処遇を受けることになる．また，少年法では対象年齢を20歳未満と規定（少年法2条）している．

　触法少年は，14歳未満で刑罰法令に触れる行為をした少年だが，刑罰は科

せられない．殺人や窃盗でも犯罪にはならない．法に触れたということで触法少年と呼ばれ，児童相談所経由で児童自立支援施設（旧教護院）に措置されたり，事件が重大と判断されれば，児童相談所から家庭裁判所に通告され，審判を受けることになる（児童福祉法第27条1項4号）．審判では，従来，「児童養護施設または児童自立支援施設への送致，保護観察に付するという保護処分の決定ができる」だったが，「改正少年法」（2007年11月施行）により，少年院に送る年齢の下限が「おおむね12歳」となり，家庭裁判所が「特に必要と認める場合に限り」，例外的に少年院に送致できることになった．

虞犯（ぐはん）少年は，①保護者の正当な監督に服さない性癖のあること ②正当な理由がなく家庭に寄り附かないこと ③犯罪性のある人若しくは不道徳な人と交際し，又はいかがわしい場所に出入りすること ④自己又は他人の徳性を害する行為をする性癖があることなどの事由があり，将来，罪を犯し，又は刑罰法令に触れるおそれがある少年である（少年法3条1項3号）．

触法少年と虞犯少年は，一般人や警察等に発見され，児童相談所に通告され児童福祉法上の措置がとられたり，「家庭裁判所の審判に付することが適当である」（児童福祉法第27条1項4号）と認めたときは，家庭裁判所に送致される．

犯罪少年は，14歳から19歳までの罪を犯した少年であり，警察に検挙され，警察から直接に，または検察庁を通り家庭裁判所へ送致される．

(2) 少年事件の流れ

少年事件はすべて家庭裁判所がまず扱う（全件送致主義）ことになっており，このうち刑事事件として扱われるのは，家庭裁判所が検察官に送致した事件（逆送）である．家庭裁判所は「通告又は報告により，審判に付すべき少年があると思料するときは，事件について調査しなければならない」（少年法8条1項）と規定され，家庭裁判所調査官に命じて，少年，保護者又は参考人の取調その他の必要な調査を行わせることができる（同条2項）．家庭裁判所調査官は，少年が犯した非行の背景，生育歴などを少年，保護者・教員などから聴取し，ど

うしたら少年が立ち直ることができるのか，調査・検討する．調査の方法については「少年，保護者又は関係者の行状，経歴，素質，環境等につて，医学，心理学，教育学，社会学その他の専門的知識特に鑑別所の鑑別の結果を活用して，これを行うよう努めなければならない」（同法9条）と規定されている．

少年鑑別所は，「観護」と「鑑別」を主な仕事としている．観護とは家庭裁判所に送致された少年の身柄を確保することであり，鑑別とは心理の技官が少年の精神的な問題を含めた心身の情報を収集することである．少年を担当する家庭裁判所調査官による社会調査の結果と，少年鑑別所における心身鑑別の結果を総合して，それを家庭裁判所の審判に反映させる．

審判は，「懇切を旨として，なごやかに，これを行わなければならない．審判は，これを公開しない」（少年法22条）と規定されている．これは，「その少年が非行行為を行ったことには争いがなく，要保護性のみが問題になる事案だけを想定している」からであり，「未成年は半人前で未熟だから，国がよく教え諭して，更生のために一番良い方法を考えてやるべきだ」という考え方が，少年法を貫く「保護主義」になっている．逆に，万引きなど軽い犯罪でも少年が「非行仲間と群れて生活が荒れ，このままでは更生が望めない」という場合は，少年院や児童自立支援施設に入所することもある．その少年を少年院に入院させたり，保護観察にする場合，きちんと受け止めさせたうえでなければ処遇効果は上がらず，少年の立ち直りには役立たないと言える．

(3) 家庭裁判所送致後の処分

非行少年の事件はすべて家庭裁判所に送られる．2011（平成23）年度の司法統計によると家庭裁判所で新規に受け付けた少年事件の人員は150,844人，既受付分と合わせると175,780人の事件が取り扱われた．このなかには，逮捕・拘留されて少年鑑別所に送られる場合と，書類だけ家庭裁判所に送られる場合がある．

「審判不開始決定」は，審判を開く必要がないと判断された場合に言い渡さ

れ最も多い49.1％である．次に多いのが「不処分」(15.9％) である．不処分決定は，審判が開かれて，そこで非行事実がなかったと判断される場合や，非行事実はあるが「とりたてて国が教育する必要はない」と裁判所が判断した少年に対して言い渡される．少年の場合，万引きやオートバイ・自転車盗などの窃盗や，放置自転車の乗り逃げなどの遺失物横領といった軽いものが多く，家庭裁判所に送られても，国が特別な手助けをする必要がないと判断される．このため，少年事件では「審判不開始」や「不処分」が多くなっている．

「保護処分」には，①保護観察処分 ②少年院送致処分 ③児童自立支援施設または児童養護施設送致処分の三つがある．保護観察処分は，保護処分の中で最も多い86.1％である（保護処分27,459件中，保護観察23,654件）．保護観察は「社会内処遇の代表的なものだけではなく，非行をきっかけに国が行う代表的な教育」(後藤弘子) である．実際に担当するのは保護観察官とその指導のもとで働く保護司が担うことになる．少年の保護観察は，保護処分としての保護観察と，少年院を仮退院したあとの保護観察がある．少年院は，初等少年院，

少年院法

(平成19年6月1日改正)

第二条 少年院は，初等少年院，中等少年院，特別少年院及び医療少年院とする．

2 初等少年院は，心身に著しい故障のない，おおむね十二歳以上おおむね十六歳未満の者を収容する．

3 中等少年院は，心身に著しい故障のない，おおむね十六歳以上二十歳未満の者を収容する．

4 特別少年院は，心身に著しい故障はないが，犯罪的傾向の進んだ，おおむね十六歳以上二十三歳未満の者を収容する．ただし，十六歳未満の者であっても，少年院収容受刑者については，これを収容することができる．

5 医療少年院は，心身に著しい故障のある，十四歳以上二十六歳未満の者を収容する．

6 少年院は，収容すべき者の男女の別に従って，これを設ける．ただし，医療少年院については，男女を分隔する施設がある場合は，この限りではない．

中等少年院，特別少年院及び医療少年院の4種類があり（少年院法第2条），その処遇は長期処遇，短期処遇，交通短期処遇，特修短期処遇という区分がある．

「検察官送致」は，保護処分ではなく，刑罰（刑事処分）で対応することが必要であると家庭裁判所の裁判官が判断した場合，大人と同じ刑事裁判が行われることになる．検察官送致は，全体の3.6％である．このなかには，20歳を過ぎて少年法では扱えないので，「年齢超過」によって制度的に検察官に送致される少年と，14歳以上（2001年4月施行の少年法改正により「16歳以上」から引き下げられた）の少年で刑事処分を行ったほうがよいと判断された場合の二種類ある．

2 感化・教護の史的変遷

非行をもつ子どもたちの処遇課題を探るため，わが国の少年矯正・教育はどのように規定され，どのような機関で行われてきたのか，感化・教護事業の史的変遷の概略をみることにする．

(1) 明治初期〜感化法制定前

わが国では，1872（明治5）年の「監獄則」では懲治監を，また1881（明治14）年，1889（明治22）年および1899（明治32）年の「改正監獄則」では懲治場をそれぞれ監獄内に設け，そこに幼少の犯罪者や親から願い出のあった不良少年（情願懲治者）を収容した．それは，幼少の者を成人囚から隔離して特別の処遇によって矯正帰善（監獄則第18条）しようとしたものであったが，その成果は見るべきものがなく，取り扱いは犯罪者と同様で，反社会的行為に対する責任を少年に求めた．しかし，懲治場は多少の区別はあっても監獄の一種であり，「少年を老賊縮図と雑居させると，かえって悪習を感染させることになる」（霊南坂教会牧師・小崎弘道）と，少年の救済を急ぐのであれば，速やかに懲矯院（のちの感化院）を設立すべきであると論文を発表した．すでに明治の初頭からイギリスのインダストリアル・スクール（14歳未満の非行児の実業学校）や，リフォーマトリィ・スクール（7歳以上15歳未満の少年院）などの施設が日本に紹介さ

れていたが，1881（明治14）年，小崎弘道は坂部寔（内務官僚）らと懲矯院設立の発会式を行っているが，このとき「懲らしめ治めるでも，懲らしめ矯めるでもない感化院」という言葉がはじめて登場し，懲矯院を感化院と改名することになった．1889（明治22）年の「改正監獄則」では，懲治場の対象者から情願懲治者が削除され，懲治場の収容者は，罪にあたる行為のあった幼年者（満8歳以上16歳未満）および唖者となったが，監獄の一部を区画しているだけの懲治場は効果がなかった．また，全国の私立感化院代表者協議会が開催され，①少年を監獄内の懲治場に収容することはかえって逆効果であり，むしろ感化院に収容して教育すべきである②道府県に必ず感化院を設置し，その費用は国費をもって支弁すること，を決議した．

(2) 留岡幸助による家庭学校の設立とその意義

感化法制定（1900年）までに各地の私立感化院の成立，東京市養育部における感化部の設置など，感化院制度への機運が高まってきたが，留岡幸助（警察監獄学校教授）による家庭学校設立は「今までの感化院と一線を画する意味」[3]があった．キリスト教徒で元教誨師の留岡は，アメリカのコンコルド感化監獄（マサチューセッツ州），エルマイラ感化監獄（ニューヨーク州）を視察後，1899（明治32）年，東京府北豊島郡巣鴨村に少年感化教育を目的とする「家庭学校」を設立する．留岡は，空知集治監での体験と調査から囚人の8割が14，5歳未満ですでに不良少年であったことを知り愕然とするが，少年時代の教育の重要性を痛感し，感化院建設を提唱していた．留岡が命名した家庭学校は，「Home in school, School in home」，つまり「家庭即ち学校にして，両者の要素の適宜に配置される学校」が留岡の目指す感化院だった．家庭学校の処遇方法は，家族制による教育であった．家族制を根幹として規律ある生活指導を行った．不良少年を家庭の愛情が不足して育った存在としてとらえ，ひとつ屋根の下で両性の愛情に囲まれた家族生活を与え，併せて労働と学習を行うという留岡の感化教育方針は，感化法施行の際も大きな影響を与え，のちの感化院の基本形態

になった．

(3) 感化法の成立と改正及び少年法の成立

当時のわが国の情勢は，明治維新以来はじめて外敵と戦った日清戦争（1894～1895年）の影響を受け激しい社会変動の結果，非行少年の増加が社会問題視され，感化院設置の声が識者の間に広がることになった．感化法は1900（明治33）年に公布されたが，「刑罰懲治の観念を離れて行政処分とし，教育の方法によって非行少年を取り扱おうとしたもので，画期的な処遇」[4]で，その対象は，満8歳以上16歳未満の者で適当な親権者，後見人がなく，遊蕩や乞食をなし，「悪交あり」と地方長官が認めた者などであった．しかし，感化法が制定されても懲治監制度は依然として存続し，非行少年の処分は感化法によるものと，従来の監獄則によるものとが両立することとなり，この状態は新刑法の公布まで続くのである．

1907（明治40）年，新刑法が制定されたことによって監獄則が廃止され，「14歳未満のものは之を罰せざること」および「懲治場のものは之を罰せざること」となり，懲治場の制度も廃止されることになった．これを受けて1908（明治41）年，感化法も第一回目の改正が行われ，①感化法は道府県に対して感化院設置を義務付け，設置・維持については国庫補助されるようになった②14歳未満の非行少年に対しての保護・教育は感化院で行わなければならない，となった．このため，感化事業が急速に全国的に発展し，1915（大正4）年，沖縄の感化院成立を最後として全国府県で感化院は51施設になった．しかし，「懲治場収容相当者を感化院で引き受けるほどの条件を満たすものでもなく，未成年犯罪者は増加の一途をたどった」[5]．

このような状況下，司法省は約20年にわたる準備と4回にわたる議会審議のあと，1922（大正11）年，「少年法」および「矯正院法（のちの少年院法）」を成立させた．これに即応して感化法も第二回目の改正が行われ，14歳以上を少年法で，14歳未満を感化法で取り扱うことになった．このとき以来，「わが

国の非行少年対策は，行政系統と司法系統の二本立て⁶⁾」となったのである．

(4) 少年教護法の成立

　昭和に入り，世界的な不況による社会問題の多発を背景として非行・犯罪少年が増加したため，感化院に収容される児童は増加し続け，しかも「教育難度は次第に高く⁷⁾」なってきた．内務省社会局では，感化事業がふるわないのは感化法に不備があるからとして改正案を起草・審議したが，一方では感化事業関係者を中心に感化法改正の運動が展開されるようになる．1932（昭和7）年，議員提案として法案は帝国議会に提出され，感化法は新しく「少年教護法」(1933年制定)となった．少年教護法は1934（昭和9）年に施行されたが，内務省社会局は日本少年教護協会を通じて全国各地で講習を行い，少年教護法の徹底を図った．少年教護院は51施設であったが，少年鑑別所が14ヵ所の少年教護院に附設，少年教護委員も全国で9,344人が任命された．法案審議の過程で提案者の荒川議員（広島県選出）は「少年法は懲治を目的とするが，感化法・少年教護法は教育を目的とする．少年法は監視によって組織し，少年教護法は家庭教育的に組織する⁸⁾」と述べ，刑事政策としての少年法と，社会政策としての感化法・少年教護法の立場に違いのあることを強調している．少年教護院は，「少年院との関係で収容年齢も低くなり，学齢児が多く，法改正の三大趣旨（学校教育・院外教護・少年鑑別）のひとつである学校教育の線に沿って学校教育の方法を十分取り入れ，非行癖を取り除くとともに独立自営に必要な知識技能を授ける⁹⁾」という方法に進んだ．

(5) 児童福祉法の成立

　第二次世界大戦後，社会的混乱と物質の欠乏は児童に痛ましい結果をもたらした．特に街頭には浮浪児があふれ，その対策は大きな社会問題であった．政府は浮浪児対策を契機に児童保護の問題を根本的に解決する必要性を痛感し，厚生大臣から中央社会事業委員会に対し諮問したが，これに対して中央社会事

業委員会は,厚生省が同時に示した「保護を要する児童をその資質及び境遇に応じて保護する」という構想に批判を加え,「法の対象とする児童は特殊児童に限定することなく,全児童を対象とし,一般保護を中心として,法に明朗積極性を与えることが必要である」と,政府案よりもはるかに積極的で明るい児童福祉法案を付けて1947(昭和22)年1月に答申した.この答申に基づき,政府は新憲法での第1回国会に「児童福祉法案」を提出し,若干の修正後,児童福祉法が成立した.同法は,1948(昭和23)年1月11日に施行され,同時に少年教護法は廃止された.

　児童福祉法は,以後改正を重ねているが,教護事業と直接関係が深いのは第3次改正(1949年)である.従来,少年法で扱われていた14歳未満の触法少年を児童福祉法で扱うと同時に,14歳以上18歳未満の虞犯少年は,児童福祉法と少年法の両者で取り扱い得るものとして少年法と調整した.これと関連して,「都道府県知事が児童の自由を制限又は奪うような強制的措置をとる必要がある場合は,家庭裁判所に送致しなければならない」(児童福祉法第27条の3)という規定が設けられた.

③ 今後の課題

1 触法少年の処遇

　過去10年間の触法少年(刑法)の推移を見ると,2003(平成15)年をピークに減少傾向が見られ,2011(平成23)年は,16,616人(対前年比6.3%減)となっている.このうち,凶悪犯(殺人・強盗・強姦・放火)は104人となっている(図5-2).刑法犯少年も減少傾向にある(図5-3).

　事例でも取り上げたが,2003年6月,沖縄県北谷町で中学2年生(13歳)が殺害された事件で,沖縄家裁沖縄支部は,他の少年らと暴行して殺し,遺体を埋めたとして,遊び仲間だった中学2年の男子(13歳)を児童自立支援施設へ送致する保護処分を決定した.その上で2005年3月末まで最長180日間,行

図5-2 触法少年（刑法）の推移

年次	14年	15年	16年	17年	18年	19年	20年	21年	22年	23年
補導人員（人）	20,477	21,539	20,191	20,519	18,787	17,904	17,568	18,029	17,727	16,616
凶悪犯	144	212	219	202	225	171	110	143	103	104
殺人	3	3	5	6	4	3	5	2	1	3
強盗	25	29	28	26	20	28	22	17	15	18
放火	102	166	179	159	194	130	75	109	68	73
強姦	14	14	7	11	7	10	8	15	19	10
粗暴犯	1,613	1,467	1,301	1,624	1,467	1,425	1,347	1,336	1,497	1,438
窃盗犯	14,257	14,448	13,710	13,336	11,945	11,193	11,356	12,026	12,077	11,383
万引き	8,673	8,468	8,353	7,961	6,743	6,489	6,803	7,855	7,810	7,498
知能犯	31	39	46	57	63	55	65	68	60	68
風俗犯	131	132	116	116	117	138	137	166	175	185
その他の刑法犯	4,301	5,241	4,799	5,184	4,970	4,922	4,553	4,290	3,815	3,438
占有離脱物横領	2,825	3,592	3,184	3,403	3,107	2,968	2,637	2,304	1,984	1,601
少年の検挙・補導総人員（刑法）に占める割合	12.6	13.0	13.0	14.2	14.3	14.8	16.2	16.6	17.1	17.6
初犯者数	18,218	19,242	17,868	17,847	16,161	14,471	15,235	15,856	15,264	14,328

出典：「少年非行等の概要（平成23年1月～12月）」警察庁生活安全局少年課

動の自由を制限する強制的措置がとれるとした．また，2003年7月，長崎市で幼児（4歳）が誘拐後，殺害された事件で，長崎家裁は，立体駐車場の屋上から突き落とし殺害したとして，中学1年の男子（12歳）を児童自立支援施設へ送致する保護処分を決定した．その上で向こう1年間，行動の自由を制限する強制的措置がとれるとした．開放処遇を原則とする児童自立支援施設で，家裁が通算日数を定めず，1年間の強制的措置を許可するのはきわめて異例であった．

刑法第41条（1907年制定）では，刑事責任年齢を14歳と定めているため，これらの少年は，いずれも刑罰法令には触れるが，刑事責任を問われない行為

図5-3 刑法犯少年の推移

年次	14年	15年	16年	17年	18年	19年	20年	21年	22年	23年
検挙人員（人）	141,775	144,404	134,847	123,715	112,817	103,224	90,966	90,282	85,846	77,696
凶悪犯	1,986	2,212	1,584	1,441	1,170	1,042	956	949	783	785
粗暴犯	15,954	14,356	11,439	10,458	9,817	9,248	8,645	7,653	7,729	7,276
窃盗犯	83,300	81,512	76,637	71,147	62,637	58,150	52,557	54,784	52,435	47,776
知能犯	632	784	1,240	1,160	1,294	1,142	1,135	1,144	978	971
風俗犯	347	425	344	383	346	341	389	399	437	466
その他の刑法犯	39,556	45,115	43,603	39,126	37,553	33,301	27,284	25,353	23,484	20,422
少年の人口比	16.7	17.5	16.8	15.9	14.8	13.8	12.4	12.4	11.8	10.7
成人の人口比	2.0	2.3	2.5	2.5	2.6	2.5	2.4	2.3	2.3	2.2
刑法犯総検挙人員に占める少年の割合（%）	40.8	38.0	34.7	32.0	29.4	28.2	26.8	27.1	26.6	25.4

出典：「少年非行等の概要（平成23年1月～12月）」警察庁生活安全局少年課

（触法行為）として児童相談所から家裁に送致され，少年鑑別所での観護措置のあと，審判において，この施設への入所が決定された．少年法の保護処分による施設入所である．世間を震撼させた重大事件の触法少年を児童福祉領域の児童自立支援施設に入所させることの意味合い，処遇効果が大きな議論になっている．

前述のとおり児童自立支援施設は，感化院（1900年）→少年教護院（1933年）→教護院（1947年）と史的変遷し，改正児童福祉法（1997年制定．以下，改正法という）で改称された厚生労働省が所管する児童福祉施設で，全国58カ所（2003年4月現在．国立2，都道府県・市立54，私立2），約二千人の児童が生活している．その入所経路は，少年法の保護処分の場合（少年法第24条）と，児童相談所の措置（児童福祉法第27条）の二通りで，前者が約2割を占める．

第二次世界大戦後間もない1947（昭和22）年に制定された児童福祉法は，法制定後50年を経て，制度と実態が乖離しているとして，改正法が制定された．

このなかで，児童を取り巻く問題の複雑化・多様化の状況から施設の名称と機能の見直しが行われ，とりわけ児童自立支援施設については，入所率の低下を踏まえ，入所児童の「対象拡大」を図るものになった．しかしながら，この施設の最大の課題は，今なお「定員開差」である．全国の施設定員3,985人に対して在籍人員は1,331人で，入所率は33.4％である（厚生労働省，2011年10月現在）．

2 児童自立支援施設での処遇

この施設が，感化院時代から大切にしてきたものは，教護や教母らとの密接な人間関係を中心にした家庭的な雰囲気や温かな人間関係を育てるための配慮である．職員と児童が寮舎で生活をともにして触れ合いながら作り出す雰囲気を何よりも大事にしてきた．「家庭的な雰囲気は少年院にはない特色で，存在意義は大きい．子どもとじっくり付き合って立ち直りを支える優れた施設」（『埼玉新聞』2003年10月21日）と言われるゆえんである．入所児童の一般的な日課は，10人前後が暮らす寮舎で，朝6時半に起床．ジョギングや体操，掃除のあと朝食．朝食後は施設内の教室に移動して授業を受ける．午後はバレーボールや水泳，園芸作業などのクラブ活動．夕食を食べ，自習や自由時間を終えて，午後9時に就寝．施設の日課は規則正しく営まれ，テレビの視聴や私物の持ち込み等について一部制限している．

この施設に入所する児童の問題行動の背景には，両親の離婚や不仲，人間関係の触れ合いの少なさなど，家庭的な問題が大きく影響している．また，施設の多くは自然に恵まれた環境にあり，その自然との触れ合いのなかで，児童は少しずつ心が穏やかになり，やがて落ち着きを取り戻す．今まで家庭や学校の場面で安らぐ場をもてなかった児童が，この施設に入所して，職員との入浴，掃除，食事，作業などを通して気持ちを入れ替える．職員やほかの児童との交流を通して，少しずつ大人への不信感を取り除き，心を開いていく．このように，施設での生活体験を通して児童に自分の「居場所」を体感させ，彼らが自

立へ歩み出す支援を心がけている．

3 処遇の系統（長崎事件を例として）

　前述のとおり，さまざまな問題を抱えるこの施設において，長崎事件の触法少年に対する施設処遇はどのように展開されたのだろうか．

　4歳の幼児を殺害したとして補導された少年は，教師が特に気をつけなければならない存在ではなかった．欠席もなく，成績も良い生徒で，目立った問題行動もないと周囲に受け止められていた．しかし，同時に前兆があったのに，学校も保護者も地域もサインを見逃していた．神戸・連続児童殺傷事件（1997年）で逮捕された少年（14歳）の付添人は「親から十分に愛されていないと感じている子がいる．そういう状況が変わらない限り，いつかは同種の事件が起きると思っていた」（朝日新聞・2003年7月13日）と今回の事件との類似点の多さを指摘するが，教訓は生かされなかった．第1回審判で家裁は少年の精神鑑定実施を決定しているが，「精神鑑定は刑事責任能力の有無を判断することが主な目的で，刑事罰の対象にならない14歳未満の少年に実施することは極めて異例」（朝日新聞・2003年9月20日）である．ここに事件の重大性が読みとれる．第2回審判で家裁は少年を児童自立支援施設に送致し，1年間の強制的措置を認める保護処分を決定した．14歳未満の少年には強制的措置を伴う児童自立支援施設が「最も重い処分」で，強制的措置の設備を有する国立武蔵野学院に審判後直ちに送致された．少年の付添人は同日，抗告しないことを明らかにし，これで少年の処遇は確定した．今後の更生指導について家裁は，「障害に対する専門家の援助や特別な教育プログラムを履修させるのが相当．社会的な望ましい行為とそうでない行為を理解させるには，相当な時間がかかる」と述べ，少年の身柄を拘束する強制的措置は「当面1年が適当」としたが，同時に「心身の状況を見極めて1年後に改めて審査する」と，延長の可能性も残した．国立武蔵野学院は，全国の児童自立支援施設のなかでは，精神科医が常勤するなど態勢が整い，ほかの地方の施設では対応できない少年を受け入れてい

る．このようにこの施設への期待が大きいものの，今後，この少年に対する施設処遇はどのように展開されるのであろうか．児童福祉施設に位置付けられる国立武蔵野学院では，多くの少年は福祉的判断から1～2年で退所する．

4 児童自立支援施設の課題

　改正法では，非行少年に加え，情緒障害や被虐待，引きこもりの子も受け入れるなど，入所児童の対象拡大を図った．児童自立支援施設は，寮の部屋に鍵はなく，自分の意思で施設から無断で外出することも可能であり，非行少年も，被虐待児も，児童養護施設から指導上，限界として措置変更された子も，指導方法は原則同じである．

　一方で，精神科医に診断される児童の入所も増加しており，心の問題を抱えた子が増え，今のスタッフでは対応しきれないという施設職員の切実な声も上がっている．なかには，施設での対応は困難と判断され，少年院法で定められた14歳になるのを待って医療少年院に移し，更生を期するケースもある．社会情勢を反映して，貧困や社会への反発による非行は減少し，心に問題を抱えた対応の難しい子が急増している．様々な境遇の子を抱えて対応に追われる現場からは，「ほかの子とのトラブルが絶えない．きめ細かい個別指導が必要だが，この施設のような集団生活の場では難しい」との指摘もある．10人ほどの医師が常駐する医療少年院と比べ，児童自立支援施設では常勤の医師や心理療法士の配置について定数化されていない．厚生労働省は「施設だけで対応が難しい場合は，ほかの病院や関係機関の支援を受けることもある」とするが，具体的な方策は後手に回っている．多様な入所にどう対応するのか，施設全体が問われている．これを機に，精神科医やソーシャルワーカーなどを加えた個別指導を施設に取り入れることを検討すべきである．そのためには，専門職の配置，建物の構造上の問題など課題が山積している．

　法務省は少年法制改正要綱案をまとめ，2004年9月，法制審議会（法務大臣の諮問機関）に諮問し，2005年の通常国会への法案提出を目指すことになった．

その主な柱は，①刑事責任が問えない14歳未満の「触法少年」の事件に警察の強制調査権を与え，触法少年への調査であっても警察は押収，捜索，検証，鑑定嘱託できるように改める②少年院収容可能年齢の下限（14歳）を削除し，14歳未満も少年院で収容可能にする③保護観察の実効性を高めるため，保護観察中に順守事項に違反した少年の少年院送致を可能にする，である．

これにより，14歳未満であっても特に必要な場合に限り，少年院送致できることになった．児童自立支援施設の有り様も検討されなければならない．長崎事件で送致された少年のようなアスペルガー症候群や注意欠陥多動性障害（ADHD）の子への対応も遅れている．心の問題を深く抱え，精神的・医学的治療を必要とする少年には，専門的な知識や経験も必要で，専門医ら外部の専門家との連携を，これまで以上に改める必要がある．

少年事件の低年齢化で，刑罰年齢は引き下げられたが，14歳未満の処遇については，ほとんど目が向けられてこなかった．今の児童自立支援施設の指導で，重大な事件を犯した少年に罪の重さを認識させることは可能なのか．最近の少年の変化は，この施設の指導の域を超えていないか．「少年院のように更生の視点にも目を向けないと社会の理解が得られない」（読売新聞・2003年7月20日）のではないか．全国の在籍児童1,548人のうち，家裁から送致され，この施設で生活する児童は281人（18.2％）を数える（平成24年版犯罪白書）．これまで，この施設が児童の性行改善に果たしてきた役割は大きく，今後も引き続き重要な役割を担うことは言うまでもない．司法と福祉の連携が急がれる．

注・引用・参考文献

1）碓井真史『なぜ少年は犯罪に走ったのか』KKベストセラーズ，2000年，p.63
2）中島義明他編『心理学辞典』有斐閣，1999年，p.338
3）全国教護院協議会編『21世紀の子ども自立支援』1997年，p.19
4）全国教護院協議会編『教護事業六十年』1964年，p.3
5）前掲『21世紀の子どもの自立支援』p.23
6）前掲『教護事業六十年』p.4

7）山本貞夫「教護院の歴史的背景と現状」(『矯正協会創立百周年記念論文集』1988年，p.629)
8）「第六十四帝国議会衆議院少年教護法案委員会議録（速記）第三回」p.3
9）前掲『教護事業六十年』p.11

〈参考文献〉
① 小林英義『児童自立支援施設とは何か』教育史料出版会，1999年
② 荒木伸怡編『現代の少年と少年法』明石書店，1999年
③ 国立武蔵野学院編『児童自立支援施設入所児童の被虐待経験に関する研究（アンケート調査を視点にして）』2000年
④ 甲斐行夫ほか『Q&A改正少年法』有斐閣，2001年
⑤ 法務総合研究所研究部編『児童虐待に関する研究（第1）』2001年
⑥ 小林英義『少女たちの迷走』三学出版，2001年
⑦ 村井美紀・小林英義編著『虐待を受けた子どもへの自立支援』中央法規，2002年
⑧ 芹沢俊介『「新しい家族」のつくりかた』晶文社，2003年
⑨ 小林英義・小木曽宏編著『児童自立支援施設の可能性』ミネルヴァ書房，2004年
⑩ 芹沢俊介『家族という暴力』春秋社，2004年
⑪ 最高裁判所『司法統計年報（平成15年版）』2004年
⑫ 日本司法福祉学会『司法福祉学研究』第4号，2004年
⑬ 『犯罪と非行』No.139，2004年

■|■　　　　　　　　　先行文献　　　　　　　　　■|■

① 村井美紀・小林英義編著『虐待を受けた子どもへの自立支援』中央法規，2002年
② 小林英義・小木曽宏編著『児童自立支援施設の可能性』ミネルヴァ書房，2004年
③ 小林英義ほか『児童自立支援施設これまでとこれから――厳罰化に抗する新たな役割を担うために』生活書院，2009年
④ 浜井浩一・村井敏邦編著『(発達障害と司法―非行少年の処遇を中心に』現代人文社，2010年
⑤ 藤川洋子『非行臨床の現場からとらえた子どもの成長と自律』明治図書出版，2009年

児童福祉施設における専門的支援の技法

　児童家庭問題は複雑多様化し，児童福祉施設における所謂「治療的関わり」の必要性が説かれている．たとえば村瀬（2001：714）は，被虐待児の治療目標として「①基本的信頼感を取り戻させ，対人関係と共感性を改善する②心的外傷の癒し，③暴力や性的関わりからは保護され，自分は受け入れられ愛されているという自己評価の獲得，④怒りを始め，感情の適切な表現法を学んで，虐待を招きやすいような行動を減少させる」を挙げている．この目標は死別，非行，障害といった困難を抱える子どもにも適用されると考える．治療には心理療法・薬物療法など心理・医療的ケアが必要な場合もあるが，福祉の専門職である児童指導員や保育士（以下，職員）が担う部分もあるはずである．ここでは職員の治療的関わりに有効だと考えられる二つの療法を示したい．

　一つは，「環境療法」である．環境療法とは人的，物的，自然の環境を治療的に活用し，生活支援自体に治療的意図を込める方法である．居室の掃除，衣類の購入，遊び，食事，就寝時の読聞かせ，学校の準備，職員との個別の外出……こうした日常の何気ない関わりは，子どもが誰かに服装を評価されたり，食事が楽しくなったり，安心して眠れたり，学校に忘れ物をせず先生に誉められたり，職員を「独り占め」できる特別な時間を持てるなどという結果を生むので，子どもが自分に自信を持つようになる．そして「職員は自分を大切にしてくれる」という思いを抱くようになる．更にその職員また他者のために「何かをしてあげたい」と思うようになる．子どもの問題行動への対応も，体罰的ではなく，子どもの破壊的行動の裏に潜む真の心の叫びに耳を傾け，受容し，適切な介入をすることが必要であるが，ここで必要な声かけのスキルは行動療法からも学ぶことができよう．存在の否定や差別など過酷な人生を背負った子ども達には，環境療法は目標①②③を達成するものである．しかしながら，西澤（2001：741）が指摘するように，児童養護施設などの子どもの福祉施設における環境療法の適用に関する報告は非常に少ない．海外での多くの実践に比べ，わが国では未だ一般的とはいえない．また，目標②については心理療法

が担う部分も大きく，心理職や医療職との協働が重要となる．
　次にあげたいのは「認知行動療法」である．認知と行動にアプローチするこの関わりは，たとえば「虐待される自己と虐待する他者」という認知的枠組みを持つ子どもの，「過去」に起きた虐待という出来事ではなく，あくまでそれによって「今」抱えている行動上の問題の変容を狙うものである．問題行動を起こす子どもは社会において「刺激・ストレス→問題行動→他者からの非難→自己評価の低下→問題行動」という悪循環に陥っていることがある．それは子ども自身も望んでいないはずである．認知行動療法の中でも，特にSST（生活技能訓練）は精神保健，司法などの分野で行われており，児童分野では青森県児童相談所が取り組み始めている．また福祉施設ではないが，少年院で実践され多くの効果をあげている．社会生活スキル向上の効果をあげるSSTは，治療目標④を達成するものであろう．しかし前田ら（2002：19）は精神科リハビリテーションでの実践から「SSTはあくまでも薬物療法やSST以外の心理・社会的療法と統合されて実施されなくては効果があがらない」[3]と述べており，これは子どもの場合も同様であろう．その意味で，児童福祉施設での認知行動療法は，環境療法や心理療法など他の治療的関わりとの有機的結合によってより良い効果を生み出すと考えられる．
　児童福祉施設への心理職員の配置は進んでいるが，治療的関わりを心理職だけに任せておけば事が足りるわけではない．生活全体を支援する職員でこそ，子どもの心理・社会的ニーズを的確にアセスメントし，適切な関わりができることもある．職員は「生活支援の専門職」として，子どもと社会の架け橋となるべく，より具体的に治療的関わりをしていく必要があるし，そのための研鑽に努めることが求められよう．

引用・参考文献
1）村瀬嘉代子『児童虐待への臨床心理学的援助』「臨床心理学」第1巻第6号　金剛出版，2001年
2）西澤哲『子どもの虐待への心理的援助の課題と展開』「臨床心理学」第1巻第6号　金剛出版，2001年
3）前田ケイ・清水有香『SSTに焦点をあてた認知行動療法とソーシャルワーカーの役割』「精神療法」第28巻第3号　金剛出版，2002年

永井　亮（ルーテル学院大学非常勤講師）

第6章
心身にハンディをもつ子どもと家庭への支援

知的障害をもつ太郎くんと家族

母子入園で育児に自信を得た母親

　母親の正子さん（仮名）は，知的障害をもつ3歳半の長男太郎くん（仮名）が多動で，次子を妊娠中つわりがひどかったせいもあり育児に悩んでいた．知的障害児施設K学園で3カ月間の母子入園を1回につき10組受け入れていることを知り，応募した．最初の1カ月は母子別室で子どもの保育と母親の指導が行われた．2カ月目は母子同室で母親の子どもへのかかわり方をみながら助言指導してくれた．3カ月目は母親に育児を任せ，職員は見守るだけとなる．このようにして育児の基本を身につけ，自信を持って退園した正子さんは，その後同期の母子と家族ぐるみの付き合いをつづけ，互いに励まし合っている．

太郎くんの成長ときょうだい・周囲の理解

　学童期の太郎くんは多動がおさまらず，近所のお宅の呼び鈴を片端から押してしまう，停めてある車を無断で運転してしまうなど一時も目が離せなかった．正子さんは肝を冷やしながら，ご近所に頭を下げて回る日々だった．それでも親の会の集い，家族旅行，買い物などに，夫と共に太郎くんの2人の妹をつれて積極的に出かけるようにしていた．妹たちが「どうしてお兄ちゃんは言葉がしゃべれないの」「私のクレヨンを勝手に使ってぜんぶ折っちゃった」と疑問や不満を訴えた時，正子さんは生まれつきの病気のせいで知能や言葉の発達が遅れることを，その都度きちんと説明してきた．妹たちは両親同様，恥じたり引け目を感じたりすることなく，兄を家族の一員としてかばったり面倒をみたりするようになった．その様子を見て，しだいに隣人や友人たちも一家を暖かく見守ってくれるようになった．太郎くんは，成人するころには多動がすっかり影を潜め，知的障害

は重度であるが，倉庫会社に就職（一般就労）することができた．

　現代の日本社会では障害をもっていると生きていくうえで不利をこうむることがまだ多い．育児に不安や困難をかかえる家庭が多い今日，子どもが障害をもつことによって子育てにいっそうの困難が生じやすい．子ども期には，ことに保育・教育や母親の就労をめぐってしばしば葛藤が生じている．さらに生殖医療や出生前診断が普及しつつあり，不妊治療，障害をもつ子の選択的妊娠中絶や遺伝子治療の是非など生命倫理にかかわる重い課題が出生前から横たわっている．

　出生後は，障害の告知と受容，早期療育，学校教育，就労，施設の通所・入所利用など，ライフコースとライフイベントに沿った援助が必要となる．この章では障害をもつ子どもと家庭の現状を知るとともに，障害とつきあいながら心豊かな生活をおくることができるよう，自立と社会参加をめざす援助について学ぶ．

① 心身にハンディをもつ子どもたち

1 身体に障害をもつ子どもたち

　全国の在宅身体障害児数は7.3万人と推計され，施設入所中の0.5万人とあわせると，7.8万人と推計される．最重度（1級）と重度（2級）の者が合計7割を占める．内部障害と重複障害が増加，他は減少している（厚生労働省「身体障害児・者実態調査—生活のしづらさなどに関する調査」2011年）．

2 知的障害をもつ子どもたち

　在宅の知的障害の子どもは15.2万人と推計され，施設入所中の0.7万人と合わせると15.9万人と推計される．最重度，中度，軽度が各2割前後である（内閣府「平成26年度版　障害者白書（全体版）」2014年）．知的障害の定義は知的障害者福祉法にも明記されていないが，1990年，当時の厚生省により実施された「精神薄弱児・者福祉対策基礎調査」において「知的機能の障害が発達期〈おおむね18歳まで〉に現れ，日常生活に支障が生じているため，何らかの特別な援助を必要とする状態にあるもの」を知的障害児・者とした定義が通用している．1999年までは法律等で「精神薄弱」という用語が使用されていたが，差別や偏見を助長しかねない不適切な用語であるとして「知的障害」と改められた．

　このほか20歳未満の精神障害者17.9万人（精神科外来に通院17.6万人，入院0.7万人；厚生労働省　患者調査　2011年）は，どの分野で対応すべきかがあいまいなまま，一部は知的障害者として扱われてきた．

　また，重症心身障害児者は，全国でおよそ4万3千人（うち在宅2万9千人，入所1万4千人；2012年現在，元川崎医療福祉大学学長岡田喜篤氏による）と推計されている．重症心身障害者とは「重度の知的障害と重度の肢体不自由が重複」（児童福祉法第7条第2項）し，発達期に発症し，医療的ケアの必要な児者を指し，

18歳を超えても例外的に児童福祉法が適用されていた．今後は18-20歳までは児童福祉法，以後は障害者総合支援法のもと成人として扱われることとなる．

3 自閉症，学習障害，注意欠陥多動性障害の子どもたち

　自閉症は，研究者や臨床家によってさまざまに定義されているが，① 言語発達の遅れ ② 対人関係の障害 ③ 強いこだわりをもつという3点がほぼ共通している．WHO（世界保健機関）では，大略次のような定義がなされている．
　「おそくとも生後30か月以前に症状が認められ，視覚刺激，聴覚刺激に対する反応が異常で，話された言葉の理解に重篤な障害がある．反響言語〈おうむがえし〉等がみられ，抽象語を使うのが困難であるといった特徴がある．視線を合わせたり，社会になじんだり，共同遊びをすることが5歳以前には特に苦手で社会的人間関係をとりにくい．また，日常の手順に異常に固執したり，変化に強く抵抗したり，奇妙なものにとりつかれたり，遊びのパターンが常同的だったりするような儀式ばった行動がみられることが多い．暗記力や視覚空間の能力の方が優れている．」
　知能は重度の遅れから，正常あるいはそれ以上までの範囲にわたっており，特性も多様なことから，以前は広汎性発達障害という名称がつけられ，最近でも，診断名がそのようになっている子どもも少なくないが，専門家の間では，「自閉症スペクトラム（連続体）」という用語が用いられることも多くなっている．知能には障害がない高機能自閉症（アスペルガー症候群も含む）など認知の仕方が特異なため周囲となじみにくい障害の子どももいる．
　このほか，学習障害（Learning Disabilities；LD：読み書き計算や推論などのうち特定のものの習得と使用に著しい困難がある），注意欠陥多動性障害（Attention Deficit/Hyperactivity Disorder；ADHD：物事に注意を集中できず，落ち着いていられない）などの特徴をもつ子どもも，教育や生活の場で困難を抱えやすい．中枢神経系に何らかの機能障害があると推定されている．発達障害者支援法（2004年）ではこれらを発達障害としている．ただし，実際は，自閉症スペクトラム，ADHD，学習障害が重なっている子どもも少なくないといわれている．そして，ことに幼児期には，発達障害"かもしれない""発達の気になる子"がふえている．生来的な特性，不適切な環境，少子化の中の多様な人とのかかわりや経験の減少

図6-1 障害児施設・事業の一元化

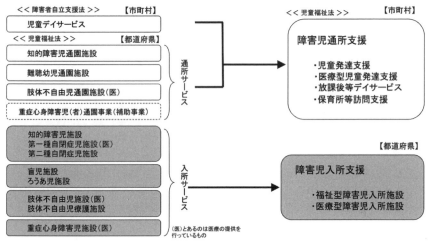

出典:厚生労働省『障害児支援の強化について』 ※図の名称は編者が一部改変

図6-2 障害児保育の実施状況推移

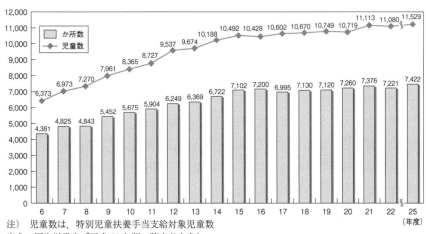

注) 児童数は,特別児童扶養手当支給対象児童数
出典:厚生労働省『平成25年版 障害者白書』

第6章　心身にハンディをもつ子どもと家庭への支援　151

など，多様な要因があるのではないかという指摘もある．

② 障害児の発達・生活支援のシステム

　子どもの権利条約（1989年の国連総会で採択，日本は1994年に批准）に，次のように障害児の権利がうたわれている．

　　「第23条3項　障害を有する児童の特別な必要を認めて，2項の規程（注：締約国の責務）にしたがって与えられる援助は，父母または当該児童を養護している他の者の資力を考慮して可能な限り無償で与えられるものとし，かつ障害を有する児童が可能な限り社会への統合および個人の発達（文化的および精神的発達を含む）を達成することに資する方法で当該児童が教育，訓練，保健サービス，リハビリテーション・サービス，雇用のための準備およびレクリエーションの機会を実質的に利用しおよび享受することができるように行われるものとする．」

　わが国では，成人期は障害の種別に身体障害者福祉法，知的障害者福祉法，精神保健及び精神障害者福祉に関する法律（精神保健福祉法）による福祉サービスを利用するが，18歳未満であれば障害をもつ子ももたない子も，ともに児童福祉法（1947年）により健全な育成を保障されている．障害に関する専門的援助は基本的に児童福祉法にのっとって行われるが，母子保健法（1965年）および厚生労働省の省令や通知により補完されている．

　障害をもつ子どもと家庭には，早期の障害の診断・療育のための母子保健サービスから始まり，医療，教育，経済的支援など，在宅サービス・施設サービスを組み合わせた多様で総合的な社会サービスを提供する必要がある．

　子ども・子育て支援新制度の施行（2015年）に伴い，次のように障害児支援の体制も変更された．

　障害児に対する支援については，大別して①すべての子どもを対象とする施策（一般施策）における障害児への対応，②障害児を対象とする専門的な支援施策（専門施策）の2つの施策体系があり，それぞれ充実を図るとともに，相互の連携強化が図られることとなった．

　一般施策については，子ども・子育て支援新制度において，①市町村計画

における障害児の受入体制の明確化，②優先利用など利用手続における障害児への配慮，③様々な施設・事業において障害児の受入れを促進するための財政支援の強化や，障害児等の利用を念頭に置いた新たな事業類型の創設等により，障害児支援の充実を図る．

専門施策については，①通所支援・入所支援など施設・事業者が自ら行う障害児支援に加えて，②その専門的な知識・経験に基づき，一般施策をバックアップする「後方支援」として位置付け，保育所等の育ちの場における障害児の支援に協力できるような体制づくりを進める（厚生労働省「子ども・子育て支援新制度の施行と障害児支援の充実について」2015年3月6日障害保健福祉関係主管課長会議　雇用均等・児童家庭局資料）．

なお，障害者自立支援法が2006年から施行され，これらサービスの支給方法は措置から自己選択にもとづく契約・利用に転換された．身体，知的，精神の3種の障害間の格差を是正し公平なサービスをめざす一方，介護保険にならって原則1割の応益負担が導入され，障害児をもつ家族の暮らしに深刻な影響をおよぼした．2011年の障害者自立支援法と児童福祉法の一部改正により，「応能負担」になり，2012年に，育成医療，補装具，日常生活用具の交付，障害児デイサービス等は障害児通所支援と障害児入所支援は根拠規定が自立支援法から児童福祉法に再編された（図6-1）．なお，2012年には「障害者自立支援法」にかわり，「障害者総合支援法」（新たな障害保健福祉施策を講ずるための関係法律の整備に関する法律）が成立し，2013年から施行されている．

1　障害の告知から受容へ

新生児医療，小児医療の進歩により，生命の危機は回避されても，濃厚な治療や長期にわたる療育を要する例が増え，本人・家族の心身の負担が増えている．また，従来は成人することさえ難しいとされた疾患をもつ子も，近年は寿命が延びており，成人後の社会参加をめざして援助する必要がある．両親が，障害をもつ子の出生による驚き・悲しみや怒り・絶望から立ち直り，育児の意

欲をもつことは容易ではなく，受容過程は行きつ戻りつ螺旋状に進行するという（中田，2002）．不安を軽減し，状況を受け容れられるように，子どもの障害を親に知らせる告知の時期や方法は慎重に選ばれねばならない．親の受容過程を見ながら，適切な助言，援助を行う必要がある．親の会を紹介することは，ピアカウンセリングやセルフヘルプの観点から，有効である．親の会は障害別に全国的団体があるほか，各地に小規模のグループが多数ある．

2 母子保健サービス

母子保健法（1965年）にもとづいて，市町村保健センターや保健所などが下記のような母子保健のサービスを提供している．

① 母子健康手帳の交付：妊娠を市町村に届け出ると母子健康手帳が交付され，子どもの成長を継続的に追いながら一貫性のあるケアを行う出発点となる．疾病・異常の発生を予防し，または早期に発見して早期治療に結びつけるため，妊産婦健康診査，先天性代謝異常などの新生児マス・スクリーニング検査，乳児期や幼児期の健康診査などが実施されている．

② 先天性代謝異常等検査：すべての新生児を対象に，血液や尿を採取して検査センターに送り，早期診断を行う．フェニルケトン尿症，メープルシロップ尿症，ホモシスチン尿症，ガラクトース血症，クレチン症，先天性副腎過形成症等は，数千人から数万人に1人の割合で発見され，いずれも治療用ミルクや制限食，ホルモン投与などにより発症を抑えたり治癒したりすることが期待できる．

③ 乳幼児健診（健康診査）：市町村で実施される乳幼児健診は，子どもの健康・発達等の状況を診査し，成長発達の増進を図るものだが，結果的に障害の早期発見の役割をもっている．1歳半と3歳児健診は法定化されているが，ほとんどの市町村で，それ以外の時期も乳幼児健診を実施している．

3 相談とサービス申請窓口

知的障害や精神・心理的問題のある子には主に児童相談所が医学的・社会学

的・心理学的診断や，各種の機能検査，判定と指導を行う．このほか，身体障害者相談員，知的障害者相談員も福祉事務所や市町村役場を窓口として相談に応じている．障害に関する手帳を申請して所持することで各種サービスを利用できるが，手帳がなくても利用できるサービスもある．身体障害児には身体障害者手帳（重症度の大きい順に1級から6級まで）が，知的障害児には療育手帳が，本人または保護者（15歳未満の場合）に交付される．療育手帳は知的障害者福祉法に規定されておらず，通達による制度のため，愛の手帳，みどりの手帳などの通称をつけている自治体もある．また，知的障害の程度が重度とそれ以外の2段階のみの国基準では使いづらいので，最重度〜軽度まで4段階程度に区切りなおしている自治体が多い．

障害者自立支援法の施行により，居宅サービス，通所サービス等の利用については市町村にサービスの利用を申請して，「障害福祉サービス受給者証」を受けてから利用することになったが，2011年の法改正で，居宅サービス等を利用する際は，障害者自立支援法に基づく「指定特定相談支援事業者」が「サービス等利用計画案」を作成すること，通所サービスを利用する際は，児童福祉法に基づく「指定障害児相談支援事業者」（新設）が「障害児支援利用計画案」を作成することになる．入所サービスについては，児童相談所が専門的な判断を行うため障害児支援利用計画の作成は必要ない．

4 経済的支援

(1) 医療費の助成

医療機関や健診の場で疾患・障害が発見されると，その種類や程度に応じ公費の助成を受けて以下のような医療・療育等のサービスを利用することができる．①②は保健センター（市町村）に③は保健所（都道府県，政令指定都市，中核市）に申請する．

① 未熟児養育医療：出生時体重が2,000g以下の未熟児で低体温などで生活力が弱く，医師が入院の必要を認めた場合，指定医療機関で入院療育を受けるこ

とができる．出生時体重が 2,500g 未満の場合は保健師等が家庭訪問して助言・指導を行う．
② 自立支援医療（従来の育成医療）：身体に障害をもっていたり，そのまま放置すると将来障害を残す可能性があり，手術などにより障害の除去，軽減が期待できる子どもは指定医療機関で費用の1割負担にて治療が受けられる．対象疾患・障害は，整形外科，眼科や耳鼻咽喉科関係の疾患，先天性の臓器障害，腎不全に対する人工透析，後天性心臓機能障害などである．HIV 感染症も含まれる．
③ 小児慢性特定疾患治療研究事業：小児の慢性疾患（いわゆる小児難病）の中でも治療が長期間にわたり，医療費の負担が大きい，先天性代謝異常，悪性新生物（小児がん），糖尿病などの疾患群に対し，医療費が公費で助成される．

(2) その他の経済的支援

障害児の，養育者に特別児童扶養手当，本人に障害児福祉手当が支給される．ただし，障害の程度や保護者の所得に関する支給制限がある．

また心身障害者扶養共済制度が設けられ，少ない掛金で万一の場合に備えている．このほか公共の交通機関や施設の料金割引，自動車や家屋改造費用の助成，税の減免などの経済的支援も行われている．

5 地域における療育・保育

公私の療育機関における外来・訪問診療，施設への通園・入所による訓練や保育などさまざまな形の療育支援が盛んになり，早期療育を乳幼児期から利用することもできる．親子で施設へ通所して受けるサービスの他に，家庭や保育園など子どもが日常過ごしている場所に医師，看護師，臨床心理士などの専門家が戸別訪問あるいは巡回訪問して指導・助言するサービスもある．

(1) 早期療育―母子通園と母子入園

障害をもつ乳幼児とその母親を対象として，早期の療育指導等のための施設

への母子入園や母子通園の事業を行っている施設・市町村がある．目的や子どもの年齢により，母子同席の保育と母子分離保育とがある．集団および個別のアプローチにより子どもの体力や運動機能の向上を図り，情緒的・知的発達を促す．また，一般の保育園や幼稚園に円滑に入園できるように，集団生活に慣れることや，衣類の着脱，食事，排泄，移動など日常生活動作（Activities of Daily Living; ADL）の向上を図っている．

　家庭における育児支援，家族の支援も大切な役割である．家族の気持を受け止めながら，個々の家庭状況に見合った内容の保育やリハビリテーションを行い，一貫した療育ルートを作る．その過程で，子どもとの接し方や発達についての知識・技術を身につけ，育児への自信がもてるようにする．また健康管理や遊びを含めた生活全般の指導，将来の方向づけを行い，家庭での養育基盤作りを援助する．ただし，対象を「母子」とすることにより母親に過剰な負担と責任が生じやすいことに留意しなければならない．ここでの親同士の出会いは，セルフヘルプグループの活動につながることも少なくない．

　このような早期の療育と家族支援を，政令指定都市などの大都市では，療育センターが担っている．

(2) 施設の利用

　障害児のうち，ある程度継続的な保護，指導，治療，訓練等の必要があると医師や判定機関（児童相談所等）において判断されたものについては，児童福祉施設を利用することができる．

(3) 保育所等利用支援

　障害児保育事業（障害児を受け入れた保育所に保育士の加配，設備整備費用の助成）が1974年から実施され，障害児の一般保育園への受け入れに弾みがついた（図6-2）．しかし，2003年，国からの補助が打ち切られ，自治体が一般財源でまかなうことになったため，後退を余儀なくされている地域もある．通園療

育施設と保育所の併行利用が可能（1998年から）となっている．

2011年には「保育所等訪問支援」という新たな事業がつくられた（児童福祉法）．保育所等を現在利用中の障害児，今後利用する予定の障害児の保護者が申請すると，発達支援センターの職員などが保育所等を訪問して，保育所での障害児の保育について専門的なアドバイス等を行う．

(4) 地域における生活援助のためのサービス

児童居宅介護（ホームヘルプ，ガイドヘルプ），児童デイサービス，ショートステイ，障害児相談支援事業などは，障害者自立支援法の児童居宅生活支援事業として実施されてきたが，図6-1のように，児童デイサービスは，障害種別に分かれていた通所事業とともに障害児通所支援に再編された．その実施主体は市町村となる．

従来は地域の学童保育（放課後児童健全育成事業）に通うことを希望しても，障害児受け入れには，「中・軽度のみ，人数は○人まで」「小学3年生まで」などの制限を設けている自治体が多かったが，専門の指導員を配置して柔軟に受け入れることになった．

公費の補助による補装具（補聴器，車いす，座位保持装置など）の製作・修理に加えて，浴槽・便器，パソコン，訓練用ベッド等の日常生活用具を給付または貸与することも障害者自立支援法に規定されている．

6　障害をもつ子の学校教育 ― 特殊教育から特別支援教育へ

養護学校の設置が義務化され（1979年），重度の障害をもつ子まで含めて教育の機会が保障されるようになった．全国に盲・聾・養護学校小・中学部のほか幼稚部，高等部を設けたり，通常の小・中学校に特殊学級を設置し，言語障害のある子には通級指導を行うなど特殊教育が施されてきた．

特殊学校・特殊学級での教育は機能訓練と並行することができ，障害の程度に応じた指導が可能であるとして，わが国ではこのように障害児の分離教育が

表6-1　特別支援教育を受けている児童の概数と割合

義務教育段階の全児童生徒数1,019万人中，約34万人（3.33%）	
特別支援学校に在籍する者	約6万9千人（0.67%）
通常の学校に通学し，特別支援学級に在籍する者	約18万7千人（1.84%）
通常の学級に在籍し，通級指導を受けている者	約8万4千人（0.82%）

参考：文部科学省の2012年の調査によれば，LD・ADHD・高機能自閉症等の発達障害の可能性のある児童生徒が通常学級に6.5%程度在籍すると推測された．
出典：2012年および2014年調査を基に，筆者が作成

行われてきた．しかし，住んでいる地域から離れ，障害の種類や程度別に教育されることは，多様な刺激を受け興味関心を広げることや健常児との相互理解を育むことを妨げ，障害をもつ子が地域社会で暮らすためには好ましくないとして，障害をもつ子を普通学校に通わせたいと望む親もいる．

国連では障害者権利条約が2006年に採択され，統合教育が原則とされている．わが国でもこれを受けて，従来の分離教育重視から統合教育推進へと方向転換し，2006年の学校教育法の改正により，次のように具体化を図っている．

障害児教育は，2007年以降，これまでの養護学校，盲学校，聾学校，特殊学級における特殊教育から，自立と社会参加を促進するための個別支援計画にもとづく特別支援教育に移行することになった．また，発達障害者支援法の成立により，従来普通学級に在籍していた自閉症児，注意欠陥多動性障害（ADHD）児，学習障害（LD）児等を発達障害ととらえ，国，地方自治体の責任で教育，就労等の支援を行うことも決まった．学校内に校内委員会を設け，特別支援教育コーディネーターを置くことや，専門家による地域ごとの学校巡回相談などが推進されている．

特別支援教育の制度に変わってから，特別支援教育の対象となる子どもは，義務教育段階の全児童数1,019万人のうち約34万人で3.33%を占め，内訳は，特別支援学校に約6万9千人（0.67%），特別支援学級に約18万7千人（1.84

%），通級による指導を受けている児童，約8万4千人（0.82％）であった（文科省2014年調べ）．このほかにも発達障害の可能性のある子どもが6.5％程度在籍すると推測された（文科省2012年調べ）ことから，すべての学校，学級に在籍する「特別な支援を要する子ども」も特別支援教育の対象とみなされている．

しかし，この特別支援教育が，これまで以上に分離教育を進める結果になりかねないと危惧する声もある．特別支援教育で多様な教育の場を設け，柔軟に対応するとうたいながら，その基盤に統合教育の方向性が明確に示されていないことと相まって，今後の学校教育が，どのように変化するかが注目される．

その他，就学や入学後の学校生活にもさらに改善していかなければならない課題がある．就学に際しては，市町村教育委員会による就学相談の場で，就学時健康診断の結果にもとづく進路相談で「特別支援学校」あるいは「特別支援学級」「通級指導」相当などの指導がなされている．指導に不服の場合の扱いに地域差があり，入学後もトラブルが起こりやすい．教育の目的を学力におくのか地域での生活力におくのかに関わり，難しい問題である．

また障害児は入学後も運動制限や行事等への参加制限が加えられることが多い．しかし，精神面，社会性の発達などを考慮して制限は医学的に必要な最小限度にとどめ，環境をととのえてできるだけ参加させることが大切である．偏見に基づく差別やいじめが起こることもあり，あらかじめ校内に理解や協力を育んで予防する必要がある．

③ 今後の障害児福祉の課題

社会のあり方，すなわち障害の概念や範囲をどのように定め，障害者をどのように受け止めている社会であるかにより，障害は増えたり減ったりする．近年，従来の障害に加え，自閉症などの発達障害が支援の対象に加えられ，障害とは何かが改めて問われている．やたらに障害の概念を拡大してレッテル貼りをするのは問題であるが，生きづらさを感じている当事者が自ら障害と認識し受容することで積極的な対処ができるという効用も期待できる．利用者主体の

援助であるように，本人や家族の意向を尊重しながら関わることが肝要である．

科学技術の進歩は，障害児の保健・医療・福祉にとっても多大な影響を及ぼし，個人も社会も否応なしに決断を迫られる問題が起きている．以下に，その問題も含め，障害児福祉の課題をいくつかあげたい．

1 出生前診断 ― その実態とリプロダクティブ・ヘルス／ライツ

出生前診断とは妊娠中に胎児の疾患の有無を検査し，診断する技術である．超音波による胎児モニタリング，血液検査，羊水検査，絨毛検査などさまざまな方法が先進諸国では実用化されており，目的に応じて形態の差異や異常，染色体変異，遺伝子異常などが検査される．着床前診断では，体外受精して分裂を始めた胚から1つの細胞を取り出して遺伝子解析を行う．重篤な障害が発生する予測がつけば，胚のうちに廃棄するので，妊娠中絶より罪悪感が少ない．このように検査の早期化・簡便化による心身の負担の軽減，精度の向上がうたわれてわが国でも普及しつつある．

出生前診断の目的は，早期診断により①胎児期に治療を行う，②分娩方法を決めたり出生後のケアの準備を行う，③妊娠を継続するか否かに関する情報をカップルに提供することとされているが，「障害児の選択的妊娠中絶」につながりやすく，生まれてくる生命の選別にとどまらず，現に生きている障害者にとっては出生頻度が減ったためこの病気の治療に関心と技術を持つ専門医が減り，「いま生きている人たちの命をも脅かす不利益」にもなるなど，さまざまな倫理的問題をはらんでいる．にもかかわらず，先進国では出生前診断をすでにマス・スクリーニング検査として実施しているところも多い．母体から少量採血するだけで済む血清マーカー検査は，覚悟のないまま安易に受けてしまい，障害児出生の確率が通常より高いと知らされただけで困惑して妊娠中絶に走ることも多い．当事者および関係者の不安への配慮と生命倫理の観点から，「母体血清マーカー検査に関する見解」が厚生省（1999年当時）から通知され，この検査を医師が一般妊婦に敢えて勧める必要はないとするガイドラインが設けられた．

遺伝性疾患に関する不安や相談に応じ，情報提供と心理的・社会的サポートを通じて当事者の自己決定を支援する遺伝カウンセリングが全国の拠点大学等で始まっている．日本遺伝カウンセリング学会と日本人類遺伝学会による学会認定資格を持つ認定遺伝カウンセラーが養成され，相談にあたっている（福嶋，2001）．

　このような出生前診断をめぐって，より根本的に女性のリプロダクティブ・ヘルス／ライツ（Reproductive Health/Rights；性と生殖に関する健康／権利）から考える動きも台頭している．女性の自由に生きる権利と障害者の生きる権利とは対立すると考えられやすいが，女性差別と障害者差別はつながっているという指摘もある．すなわち優秀な子，健常な子を産むことが女性の最大の役割であるという社会の圧力は女性の権利を侵害するものであり，障害者差別がなく障害児の育児がそうでない育児とさほど変わらない条件があれば，胎児に障害があっても選択的中絶に誘導されるのを避けることができると指摘されている（米津，2002）．

　多くの疾病・障害が人類の中にある確率で発生する以上，人類共同の責任でそのハンディキャップを補っていくのは当然という考え方が，障害者福祉の根拠のひとつであろう．出生前診断の是非や「どんな選択をしてもサポートが受けられるというメッセージ」（玉井，1997）を込めた援助について考える必要がある．

2 きょうだいへの支援

　障害をもつ子の家族にとって，ともに育つきょうだいにも気懸りなことは多い．きょうだいの年齢や順位により障害の認識，試練への対応などの受け止め方はさまざまである．きょうだいが幼ければ障害は差異として自然に受け止めることが多いが，思春期頃からは親や世間の価値観を反映して疑問や不満，将来への不安を抱いたり，悪口やいじめにあって孤立感や恨みを募らせたりすることもある．また，障害をもつ子が外出の機会や行先も制限されるなどの社会的不利は，同時にきょうだいにも及ぶことが多い．両親の関心も手間も障害をもつ子に向けられ，淋しく思うきょうだいがいる．親の気持を察してよい子を

演じすぎたり，親亡き後は自分が世話しなければと過重な責任を背負い込むきょうだいもいる．

きょうだい同士の自助組織「きょうだいの会（全国障害者とともに歩む兄弟姉妹の会など）」や「きょうだい支援の会」が，体験の吐露・共有，情報提供・学習・調査などを目的として活動しており，きょうだいの立場や心情を知って，きょうだいを支える援助や，両親がきょうだいにも心を配る精神的・時間的ゆとりが持てるよう，両親を援助するシステムが整備されつつある．

3 障害をもつ子どもの自立にむけて

WHO（世界保健機関）は1980年，障害を①機能障害，②能力障害，③社会的不利の3つのレベルに分け，障害者を社会に適応させるのではなく，障害をもっていても不利にならないように社会を変えて社会的不利の解消に努めるという画期的な提言を行った（国際障害分類）．さらに，これを改訂し，2001年WHOの総会で新しい障害の概念「人間の生活機能と障害の分類 International Classification of Function-ing, Disability and Health; ICF」（国際生活機能分類）を打ち出した．ICFによれば，個人の生活機能は健康状態と背景因子（環境因子，個人因子）との間の相互作用あるいは複合的な関係に規定される．したがって，生活する地域のさまざまなバリアーなどの環境因子の把握とともに，当事者が障害をどのように認識し体験しているかなどの個人因子を把握した上で生活総体を支えることが重要となる（上田，2005）．

身体障害者から始まった自立生活運動や，知的障害者のピープルファーストの主張は，他人による介護，あるいは権利擁護などの援助を受けながら地域で主体的に人生を営んでいくことを障害者みずから表明している．このような障害者の新しい自立観を尊重し，子ども期からの援助も将来の自立と社会参加につながるように組み立てる必要がある．発達に遅れのある子どもが年齢にふさわしく成長できるように，いつまでも赤ちゃん扱いせず，年相応の服装や言葉が身につくように意識的にかかわることが大切である．

また障害をもつために，だまされたり，やさしく声をかけられると疑うことを知らずについていったりするため，詐欺や性被害に遭いやすい．臨機応変の対応も苦手なので，災害時にも特別な配慮を要する．保護者と協力して，警察や地域の自治会などに日ごろから存在をアピールし，障害の特徴や対応のしかたを伝えて理解を求めておくことが大切である．これら障害児の権利擁護と安全保障のために公的な制度や民間活動の充実が望まれている．

本稿では他の国の障害児福祉の制度についてとりあげることはできなかったが，最後にデンマークでダウン症のトアちゃんを育てている日本人女性ポール・ちずさんのEメールを紹介したい．

第1信
こんにちは．昨日，トアは大好きなパパのニルスと一緒に，ニュージーランドへ80日間の放浪の旅にでました．私は仕事があるのでお留守番です．毎日服用しないといけない甲状腺のお薬と，お医者様からの薬についての手紙を持って，準備万端です．

ニルスが10日ほど仕事にはいりますが，ベビーシッターを，現地の親の会代表者の方が紹介してくれました．今回の一番の目的は，カヤックでの旅．食料とテントを積みこんで，川を下っていく旅です．もう一つの目的は，オムツ卒業．トアは手話のサインを使ってウンチを告げることは出来るようになり，ウンチは95%の確率でトイレでできるのですが，おしっこはまだまだ．今ニュージーランドは真夏．着ている服も少なくなるし，洗濯してもすぐに乾くので，思いきってオムツをはずすそうです．

子どもがダウン症だから○○できないなんて，我が家では出てこない言葉ですね．いろんなことを，トアにはいっぱい経験させてやろうと思っています．

第2信
真夏のニュージーランドの太陽を一杯あびて帰ってきたようです．毎日を大自然の中で過ごし，日中はほとんどオムツをはずしていましたので，お尻もすっかり日焼けしてました．

こんなに長い間，幼稚園も療育もお休みで何の療法もしないのでどうなるかとの心配は，単なる取り越し苦労だったようです．使えるサインの数も増えていたし，サインを使って以前よりもしっかりと意思を伝えるようになっていました．

北米・北欧・オセアニアの福祉先進国といわれる国々でも，世界的な不況の中，医療費の削減や福祉予算抑制策をとるようになっている．それでもノーマ

ライゼーションの理念がようやく普及しはじめた日本に比べ，しっかりと生活の中に根づいていると感じさせてくれる医師の報告（杉本，2000）を読むと，日本は学ぶことがまだたくさんあると思われる．

引用・参考文献

上田敏『国際生活機能分類 ICF の理解と活用—「人が生きること」「生きることの困難（障害）」をどうとらえるか』発行 きょうされん　発売 萌文社，2005 年

坂井律子『ルポルタージュ出生前診断—生命誕生の現場に何が起きているのか？』日本放送出版協会，1999 年

杉本健郎『北欧・北米の医療保障システムと障害児医療—障害児医学の確立を』かもがわ出版，2000 年

玉井真理子「母体血清マーカースクリーニングと女性たちの選択」『ペリネイタルケア』16(1)1997 年，pp. 47-52

中田洋二郎『子どもの障害をどう受容するか』大月書店，2002 年

福嶋義光『遺伝カウンセリングハンドブック（遺伝子医学 MOOK 別冊）』メディカルドゥ，2001 年

米津知子「障害者と女性—連動し補完し合う差別そして解放」(「生命倫理分科会・誰が決定をするのか」フルペーパー，第 6 回 DPI 世界会議札幌大会，2002 年 10 月 17 日）

先行文献

① 佐藤孝道『出生前診断—いのちの品質管理への警鐘』有斐閣，1999 年
② 野辺明子ほか編『障害をもつ子を産むということ—19 人の体験』中央法規，1999 年
③ 野辺明子ほか編『障害をもつ子が育つということ—10 家族の体験』中央法規出版，2008 年
④ シンディ・ダウリングほか（上原裕美子翻訳『わが子と歩む道—「障害」をもつ子どもの親になるということ』オープンナレッジ，2007 年
⑤ 菅原伸康『エピソードでみる障碍の理解と支援（障碍のある子どものための教育と保育①』ミネルヴァ書房，2012 年
⑥ 真行寺英子，真行寺英司『言葉のない子と，明日を探したころ—自閉児と母，思い出を語り合う』花風社，2005 年
⑦ 高森明『アスペルガー当事者が語る特別支援教育—スロー・ランナーのすすめ』金子書房，2007 年

第6章 心身にハンディをもつ子どもと家庭への支援　165

リプロダクティブ・ヘルス／ライツ概念の意義と重要性

「からだの主体者はからだの所有者自身であり，"私自身にとっての健康"を守ること，私のからだの問題を自らの意志で決めていくことは，基本的人権であり権利である」．1970年代頃から，世界各地で女性たちは，「恥ずかしいこと・はしたないこと」というタブーを解き放ち，自らのからだの性や生殖について語り始め，このことに気づいた．

　四半世紀を経て，1994年国際人口・開発会議で，リプロダクティブ・ヘルス／ライツ（性と生殖に関する健康／権利，後者は自己決定権とも訳出）の意義と重要性が国際社会で定められ，各国の政策策定に同概念が必要不可欠であることが示された．リプロ概念は，たんに「妊娠・出産」課題を指すのではない．産まないこと（避妊・中絶・家族計画）・産めない状況（不妊・生殖技術等）や性感染症，HIV／AIDS，婦人科疾患等の課題をも含み，かつ成人の性だけでなく，子どもの性，思春期の性，高齢者の性，障害を持つ子どもや大人の性など，人間の一生涯にわたる多様な性と生殖をめぐる健康と権利を定めている．その権利には「差別，強制，暴力を受けることなく生殖に関する決定を行う権利も含められる」のだ．

　現代社会では，性暴力，わいせつ行為，セクシュアル・ハラスメント，買売春，ポルノ，レイプと，他者の性や生殖をひいては人権を侵害する事件・問題に溢れ，犠牲者は子ども・少女・女性である場合が際だち，一人一人のからだが軽んじられモノ化しているように思えてならない．

　こうした時代だからこそリプロ概念の理解は必要不可欠である．すなわち，子ども・障害者・高齢者，あるいは非婚・事実婚・同性愛者など社会的弱者や少数者に対する差別やジェンダー・バイアスを排除し，幼い頃か

ら自分のからだの変化を積極的に把握し，受容し前向きにつき合うという考え方や姿勢を身につけていくことが重要である．そのためには，一生涯にわたる，自らのからだの変容を理解し自己管理する力を養うジェンダー教育やジェンダー主流化政策への取り組みが要請されているといえよう．

参考文献
1) 村松安子・村松泰子編『エンパワーメントの女性学』有斐閣，1995 年
2) 中山まき子「母子保健法をつくった戦後の日本社会」『健康とジェンダー』明石書店，2000 年，pp. 241-272

中山まき子（同志社女子大学）

第7章
ひとり親家庭の子育て支援・生活支援

養育費の滞りで借金をかかえたひとり親家庭

　裕子さんは，短期大学卒業後に商社に就職した．就職半年後に職場の先輩であった隆さんと交際するようになり，約2年間の交際の後，結婚，裕子さんは結婚退職した．当初は夫との関係もよく幸せな結婚生活であった（結婚当時裕子さん23歳，隆さん26歳）．

　結婚2年目に長女が，その2年後に長男が産まれる．裕子さんは子育てと家事に忙しくなったが，夫は休日も家でごろごろしているかゴルフに出かける生活で，子育てや家事についての協力はなかった．裕子さんが子育てと家事に追われ余裕がなくなるにつれ，夫婦仲が悪くなり毎日のように口げんかをするようになり，ついに些細な口げんかが元で夫から暴力をふるわれた．口げんかが始まると，長女は不安そうに怯えており，大人の機嫌をうかがうような行動が目立つようになった．裕子さんは子どもへの影響も心配し，結婚5年目に協議離婚する．

　離婚後は，裕子さんが二人の子どもを引き取り，夫からは毎月6万円の養育費の送金を受けることになった．夫は家を出て，家賃7万円の借家には裕子さんが子どもとそのまま住んだ．また，離婚後すぐに福祉事務所へ行き保育園入所の申請と，児童扶養手当等の申請を行った．子どもたちは保育園に通うようになり，長女もすっかり落ち着き，子どもらしさを取り戻していった．裕子さんは非常勤事務員として働きだした．経済的には苦しかったが生活は安定していった．

　離婚後2年になる頃から夫の養育費の仕送りがなくなり，夫に連絡請求すると「他の女性と再婚する．その女性は現在妊娠中であり今後は養育費の仕送りができない」と一方的に言われる．家計は苦しくなるが，何とか生活を維持していた．そんな中，長女と長男が続けておたふく風邪にかかり，職場を長期欠勤せざるをえなくなり，結局，長期欠勤を理由に解雇さ

れてしまう．すぐに他の仕事を探すが，なかなか良い条件の仕事がなく，福祉事務所に生活保護の相談に行った．しかし，家賃が高額なことや，年金保険に加入していることを理由に，すぐには受付けてもらえなかった．ついに生活に困り，サラ金からお金を借りてしまう．その後もなかなか良い条件の仕事が見つかっていない．パートの仕事を転々としながら少しでも良い条件の仕事を探しているが，サラ金からの借金は大きくなる一方である．（名前はすべて仮名）　　　　　　　　　　　　　　　（芹沢　出）

　ひとり親家庭の増加は顕著である．事例のように，ひとり親の中でも，母子家庭の母は，就労においても不利な扱いを受けるなど，生活困難を抱えやすいが，父子家庭の中にも生活支援を必要とする家庭がある．家族の多様化が進む今，ひとり親家庭の子育て・生活問題は特殊なものではない．
　この章では，ひとり親家庭の現状，施策の動向をみていくなかで，現在の施策が当事者にとってマッチしたものになっているかということを考えたい．

1 ひとり親家庭の福祉とは

1 ひとり親家庭という用語

「ひとり親家庭」とは，一般的にいわれる「母子家庭・父子家庭」のことである．父子家庭の増加なども背景に，新しい家族の変化に伴う包括的な総称として現在広く使われるようになってきている．この言葉が最初に用いられたのは，1960年9月に「東京都単親家庭問題検討委員会」が提出した「ひとり親家庭の福祉施策についての緊急提言」であった．ひとり親家庭といっても，この頃は「母子家庭」をさすことが一般的であり，「父子家庭」という用語が出てくるのは，70年代以降である．父子家庭が存在しなかったわけではないが，この頃までは数が少ないこともあり，統計でもほとんど把握されていなかった．離別によるひとり親としては，「母親が子どもを引き取る母子家庭」が圧倒的に多い．このことは日本における根強い「母性神話」[1]と関係があるかもしれない．

以前は，親がひとりで子育てをすることに対して偏見や否定的捉え方が色濃い「片親家庭」「欠損家庭」という言葉が使われることもあった．全国的な調査では，「母子世帯，父子世帯」等の用語が使用されている．母子家庭，父子家庭という呼び方は，個人のプライバシーにもかかわることなので，慎重な扱い方が必要である．

2 ひとり親家庭福祉の考え方

近年，女性がひとりで子育てすることだけに焦点をあてた研究や，女性問題としてのひとり親家庭の研究がふえているが，児童家庭福祉としては，ひとり親家庭の問題を社会福祉における生活問題としてとらえることが重要である．

ひとり親家庭が児童家庭福祉の対象になるのは，発達途上にあって保護しなければならない子どもをひとりで育てること，そのことによって，現代の社会

構造の中では生活上の困難な状況が生じるからである．ことに母子家庭の場合，母親は女性であることから社会的不利を抱えたり，差別の対象になりやすい．

「母子家庭」と「父子家庭」では抱える問題の傾向は異なる．「母子家庭」は経済的な問題を抱える場合が多く，「父子家庭」は家事や育児についての困難を抱えることが多い．稼ぎ手の中心が男性か女性かで，その家庭の経済状況は大きく違う．

男性の方が，収入が多いのが通常であることから，「父子家庭」は「母子家庭」より経済面での豊かさを理由に，最近まで制度施策や当事者組織も少なく，ささやかな取り組みしかなかった．しかし，父子家庭も，子どもを育てながらひとりで稼ぐという生活においては，支援が必要である．

② ひとり親家庭福祉のあゆみ

ここでは，ひとり親家庭の福祉の成り立ちを戦前の軍人遺家族対策の時代から今日までのあゆみの中でみてみたい．

1 戦前における対策から戦後の母子福祉法へ

戦前の母子家庭は，ほとんどが戦争で父親がなくなった家庭であり，母親は国のために「未亡人」になったとしてそれなりの社会的評価をされた．この時代の施策は，父親の戦死によって母子家庭になった家族「軍人遺家族」への国家的支援に起因している．軍人遺家族の母子家庭とそうではない母子家庭への国家的な対策には差別があった．それは経済的支援をはじめとして母子寮（現・母子生活支援施設）においてもあり，住宅の様相から異なったといわれている．母子寮には，「授産所，保育園」も設置され，母親は子どもを保育園に預け，授産所で仕事をして生計を立てていた．

1938（昭和13）年には「母子保護法」が施行されている．その背景には，不況下の母子心中の多発もあったという．

戦後になってからは，1949（昭和24）年に「母子福祉対策要綱」，1952（昭和

27) 年には「母子福祉資金の貸付等に関する法律」が出される.

そして高度経済成長期の1964 (昭和39) 年に「母子福祉法」が母子福祉の総合的な法として公布施行されることになる.

1981 (昭和56) 年に法の改正が行われ,「母子及び寡婦福祉法」という名称になる. これは, 20歳未満の子どもを持つ母子世帯に加えて, 寡婦 (配偶者のない女子であって, かつて配偶者のない女子として児童を扶養していたことのあるもの) に対する施策が盛り込まれたことによる.

このような経緯から母子家庭の社会的制度がつくられており, ここから, 現在の「母子家庭」と「父子家庭」の施策が大きく違うことが理解される.

2 最近の改正

母子及び寡婦福祉法には,「母子家庭等及び寡婦の福祉に関する原理を明らかにするとともに, 母子家庭等及び寡婦に対し, その生活の安定と向上のために必要な措置を講じ, もって母子家庭等及び寡婦の福祉を図ることを目的とする (第1条:目的)」と定められている. この法律では,「配偶者のない女子」とは,「配偶者 (事実上婚姻関係と同様の事情にある者を含む) と死別した女子であって, 現に婚姻をしていないもの及びこれに準ずる女子」,「児童」とは「20歳に満たない者」と定義されている (2003年4月施行).

2002 (平成14) 年の同法の改正では以下のような内容が盛り込まれた.

- 生活支援策充実—子育て短期支援事業の法定化:ショートステイ, トワイライトステイ・日常生活支援事業の拡充・保育所の優先入所
- 就業支援策の充実—職業相談など
- 養育費確保の推進—児童を監護しない親は養育費を支払うよう努めるべきこと, 児童を監護する親は養育費を確保できるよう努めるべきこと, 国及び地方自治体は養育費確保のための環境整備に努めるべくこと
- 児童扶養手当制度の見直し など.

2004 (平成16) 年4月の改正で注目されることは, 一つには父子家庭が法律

表7-1 母子世帯の母の年間就労収入の構成割合

	総数	100万円未満	100～200万円未満	200～300万円未満	300～400万円未満	400万円以上	平均年間就労収入
平成18年	(100.0)	(31.2)	(39.1)	(17.7)	(5.9)	(6.1)	171万円
平成23年 総数	1,418 (100.0)	405 (28.6)	502 (35.4)	291 (20.5)	123 (8.7)	97 (6.8)	181万円
死別	110 (100.0)	37 (33.6)	34 (30.9)	19 (17.3)	8 (7.3)	12 (10.9)	256万円
生別	1,308 (100.0)	368 (28.1)	468 (35.8)	272 (20.8)	115 (8.8)	85 (6.5)	175万円
離婚	1,153 (100.0)	301 (26.1)	429 (37.2)	245 (21.2)	105 (9.1)	73 (6.3)	176万円
未婚	111 (100.0)	50 (45.0)	30 (27.0)	17 (15.3)	5 (4.5)	9 (8.1)	160万円
その他	44 (100.0)	17 (38.6)	9 (20.5)	10 (22.7)	5 (11.4)	3 (6.8)	164万円

注1)「平均年間就労収入」とは、母子世帯の母自身又は父子世帯の父自身の平成22年の年間就労収入である。
注2) 不詳を除いた値である。
※「平均年間就労収入」の用語の定義は以下同じ。
出典:厚生労働省『平成23年度全国母子世帯等調査結果』、平成24年11月1日現在

表7-2 父子世帯の父の年間就労収入の構成割合

	総数	100万円未満	100～200万円未満	200～300万円未満	300～400万円未満	400万円以上	平均年間就労収入
平成18年	(100.0)	(4.3)	(11.8)	(21.1)	(17.4)	(45.3)	398万円
平成23年 総数	517 (100.0)	49 (9.5)	65 (12.6)	111 (21.5)	97 (18.8)	195 (37.7)	360万円
死別	91 (100.0)	11 (12.1)	7 (7.7)	15 (16.5)	14 (15.4)	44 (48.4)	444万円
生別	426 (100.0)	38 (8.9)	58 (13.6)	96 (22.5)	83 (19.5)	151 (35.4)	342万円
離婚	385 (100.0)	34 (8.8)	52 (13.5)	80 (20.8)	78 (20.3)	141 (36.6)	347万円
未婚	7 (100.0)	1 (14.3)	1 (14.3)	2 (28.6)	3 (42.9)	- (-)	225万円
その他	34 (100.0)	3 (8.8)	5 (14.7)	14 (41.2)	2 (5.9)	10 (29.4)	308万円

注) 不詳を除いた値である。
出典:厚生労働省『平成23年度全国母子世帯等調査結果』、平成24年11月1日現在

の対象となったことである．父子家庭に関しては，法的規定がなかった現状からすると格段の前進であった．ただし，法律に規定されたとしても，自治体が父子家庭のための施策に積極的に取り組むかどうか，近年の自治体の財政状況から考えると危惧される．この改正でもう一つ注目されることは，「扶養義務の履行」である．国および地方公共団体が「扶養義務の履行を確保するために広報その他適切な措置を講ずること」も規定された．

３ ひとり親家庭の実態と生活問題

全国調査によると，ひとり親家庭のうち，母子家庭は123万8,000世帯，父子家庭は22万3,000世帯である．ひとり親家庭になる理由として母子世帯の場合，80.8％が生別である．父子世帯は74.3％が生別となっている．調査年次ごとに「死別」は減少し，離婚や未婚によって，ひとり親になる家庭が増加している．

2005（平成17）年の国民生活白書において離婚に対する考え方について尋ねた調査結果を見ると，女性においては離婚を肯定する考え方の割合が否定する考え方の割合を大きく上回っている．逆に，男性においては否定する考え方の割合が肯定する考え方の割合を上回っており，特に40歳以上において，男女間での考え方に大きな差が見られる．こうした結果から，離婚に対して，特に女性の抵抗感は薄れてきていると考えられ，それが離婚の実態にも現れてきている．

1 離婚に対する意識の変化とひとり親への偏見

離婚は年々増加している．2002（平成14）年には離婚件数は約29万件，離婚率は2.30（人口千対）となり過去最高であった．その内，有子離婚は約6割だった．有子離婚の場合，子どもの親権者の約8割は妻である[2]（表7-4）．女性の場合，ジェンダーバイアスによる不利益を被ることが多いが，離婚に対する社会的偏見や差別は少しずつ是正されてきている．国の調査によると，離婚を

第7章　ひとり親家庭の子育て支援・生活支援　175

図7-1　離婚件数及び離婚率の年次推移

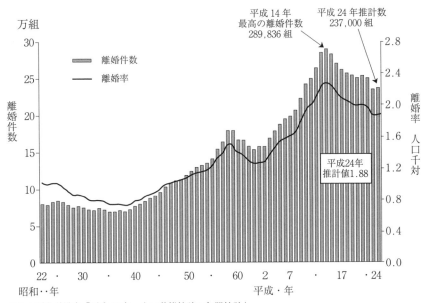

出典：厚生労働省「平成24年　人口動態統計の年間統計」

肯定する考え方の人の割合が否定する人の割合を大きく上まわっている（平成17年度『国民生活白書』）．テレビドラマなどでも，頻繁にひとり親家庭がでてくるように，社会の意識は変化してきているようだ．支援体制が整ってきたことも背景にあるが，女性が高学歴化し，職業を持ち，働き続ける中で生き方，意識が変化している．

しかし，まだまだ偏見はある．母子家庭で育った女性は子どもの頃の気持ちを次のように述べている．

　「つらいっていうか，母子家庭だってことを，友達に言ってない．言っている人言ってない人がいる．かわいそうだと思う人とか，同情するだろうなと思う人には言わない．小学校のときは，父親がいないってぽんぽん言ってたけど．中学くらいになって，〈父親がいないのにどうして生まれたんだ（非婚）〉とか言われたことがあって．……」（「子どもインタビュー」【非婚家庭に育って】しんぐるまざあず・ふぉーらむ『母子家庭の子どもたち――子どもたちへのインタビュー調査と母親へのアンケート調

査報告書』p.63)

　日本のように，法的婚姻関係を中心にしている社会では，ひとり親家庭の子どもたちに社会的不利益が生じる．父子家庭も例外ではない．ことに未婚での出産などはそうである．夫婦別姓や，戸籍上の問題など社会的制度の改革とあわせて国民がもっている潜在的な差別意識の変革も必要である．

2　ひとり親家庭の生活問題

　シングルマザーの子育てに関する調査（以下「シングルマザー調査」[3]）によると，最も困っていることは「家計（お金）」が65％で，続いて「仕事」52％，「子どものこと」32％，「自分の健康」31％となっている（2003年）．全国調査では，父子家庭の場合，本人が困っていることで最も高いのは「家事」34.6％，次に「家計」31.5％，「健康」8.7％，「住居」5.5％，「仕事」14.2％の順である．父子家庭は，家事についての悩みが多く，母子家庭との悩みの違いがくっきりでている．[4]

　一般的にも男性に比べ女性の賃金は低い．男性の給与を100とすると，女性のそれは64.0であり，男女間格差は大きい（2011年　全国母子世帯等調査から）．それに加え，母子家庭の母親は，ひとり親になってから仕事を探すことも多く，その時点でかかえる問題が直接就労に影響を及ぼす．たとえば，子どもが小さければ小さいほど，病気や子どものことでのリスクを考えると，雇用する側は躊躇し，仕事を得ることが難しくなる．先の全国調査では，母子世帯の年間平均収入金額は291万円，父子世帯は455万円で，その差は大きい（表7-1，7-2）．

　子育てと仕事の両立も困難である様子がうかがえる．「シングルマザー調査」から離婚時の働き方をみるとは，「常勤」24％，「派遣・契約社員」11％，「パート・非常勤」29％，「自営業・家業」5％，「その他」7％，「無回答」25％である．不安定就労で，収入は平均180万円ほどであり，「蓄えを取り崩す」ことで生活を営んでいる．働き方をみると，パートや非常勤での労働，派遣，

契約社員などの不安定就労がほぼ半数をしめる.

　また，母子家庭の場合，養育費の有無が生活の安定に影響する．日本においては，離婚ケースの大半が協議離婚で，家庭裁判所の調停や審判を受けることは少ない．子どもの養育費についての取り決めを夫婦間で行うケースはそれほど多くはない．生活費に占める養育費の割合は2割程度，支払月額は，子ども1人当たり，2万円～3万円以下が最も多く約32％，次いで4万円～5万円以下が約26％というデータもある[5]．母子及び寡婦福祉法の中に「扶養義務の履行」の規定がはいったことで，養育費の確実な支払い方の検討が進むものと思われるが，家庭裁判所における調停等においても，養育費の支払いについて，母親たちの意識を持った対応が必要となる．

④ ひとり親家庭の子育て・生活支援

　ひとり親家庭の施策については国で決められているものの他，都道府県や市町村独自の制度もある．国の制度があっても，自治体の財源不足などによって，実施されていなかったり，制度の充実度に差がある場合もある．ここでは，国の施策と自治体の例として京都府の施策も含めて概観する．

1 相談窓口について

　① 母子自立支援員

　母子相談員という名称から，平成15年に変更された．母子家庭や寡婦の生活上の問題や子どもにかかわることがらの相談にのる総合的な相談窓口である．

　② 母子福祉推進員

　一番身近な相談窓口として京都府では，府内一円（おおむね小学校区に1名）に配置されている．生活や経済上の問題全般について，母子自立支援員と協力して問題解決にあたる．京都府独自に設けられており，地域に根ざした相談員である．行政区によって地域との関係を密にするための工夫がされている．

　③ 児童相談所・保健所

子どものことの相談はこの2カ所が大きな力になる．子どもの養育やしつけなどについては，児童相談所の専門職員が相談を受けてくれる．保健所では，妊娠，出産や乳幼児に関する悩みごとについて相談にのる．ここはひとり親家庭だけではなく，どの家庭も利用できる．

2 母子生活支援施設

　児童福祉法では，保護者から申込みがあったとき，都道府県はその保護者および児童を母子生活支援施設において保護しなければならないと規定されている．以前は措置による入所であったが，現在は，利用を希望する当事者が福祉事務所に申込みをして入所する．しかし現状は，福祉事務所が母子生活支援施設の入所については干渉している．その結果必要であれば入所申請をして入所に至る．

　母子生活支援施設に入所する母子は，生別母子家庭が多い．入所の背景には，一般住宅を借りて生活できない複雑な理由がある．1つの問題のみでなく重複した複雑な問題を抱えている場合も多い．たとえば，母親の生活能力がなく，借金で追われていて，かつDV（ドメスティック　バイオレンス：配偶者に対する暴力）を受けているといった例もある．

　最近は「未婚」や「DV」での入所も増加傾向である．DVなどにより，緊急対応（一時保護）を迫られる場合は，福祉事務所での手続きを経ずに入所することが可能である．2004年4月に改正された「児童虐待防止法」では，DVを子どもが目撃したり，そのような環境で育つ場合，心理的に大きな影響を受けるとして，そのことを心理的虐待にあたるとしている．

　母子生活支援施設は，世帯ごとに個々の部屋があるが，共同生活のため規則があり，共同で使用するところの掃除，門限，などもある．施設職員は，母親の生活力の問題や就職支援の問題，子どもの育児，教育の問題などに関して支援していく．ここでの生活を基盤にして，自立に向かうことができるように「自立支援計画」を立て，早期退所をめざして母子の支援にあたる．職員の対

応も母親と子どもの両者にわたり，金銭管理，料理，洗濯，掃除，子育てなど，生活の細部について支援が必要な場合もある．

3 経済的支援

(1) 貸付制度について

母子及び寡婦福祉法に基づく母子福祉資金貸付金がある．子どもが就学するときの就学資金など，12種類の資金を低額の利子または無利子で利用できる．

その他，京都府の場合，地域の母子福祉団体が母子家庭等への小口貸付けを行っている．貸付の条件は京都府の地域によって異なる．

(2) 児童扶養手当

離別母子家庭の厳しい家計状況を反映して，児童扶養手当の受給者が年々増加している．児童扶養手当（1962年創設）の目的は「父と生計を同じくしていない児童について手当を支給し，その家庭の生活の安定を図ることにより，児童の福祉の増進に寄与する」とされている．死別の母子家庭のように年金が受給できない離婚家庭のために制度化された．今日では母子世帯等の生活保障の一助として大きな役割を果たしている．所得制限等の受給条件があるが，2011（平成23）年度末において受給者は107万211人，その内「離婚」を理由としている受給者は，89.2％である．

1989（平成元）年には，「自動物価スライド制」の導入，1995（平成7）年からは支給対象児童の年限が拡大（18歳未満の者から18歳に達する日以後の最初の3月31日まで），1998（平成10）年にはいわゆる未婚の母，「母が婚姻によらないで懐胎した児童であって，父から認知された児童」が支給の対象となるなど，徐々に改善されてきた．2002（平成14）年には，就労等による収入の増加が児童扶養手当収入を含めた総収入の増加につながるように，所得制限の計算方法が見直された．2008（平成20）年4月からは，「離婚直後一定期間に重点的に支給することにより，離婚等による生活の激変を一定期間で緩和し，自立を促進する」

という趣旨で，受給期間が5年を経過した場合であって，受給者やその子ども等の傷害・疾病等により就業が困難な事情がないにもかかわらず就業意欲がみられない場合，支給額の2分の1を支給停止とした．また，2010（平成22）年8月分から父子家庭の父親も児童扶養手当の支給対象となった．

　自治体独自の手当としては，京都府には「母子家庭奨学金」がある．母子家庭の児童の教育や養育に要する経費に対して支給される．乳幼児11,000円，小学校21,500円，中学生43,000円，中学生43,000円，高校生64,000円，高等学校入学支援金35,000円となっている．

(3) 生活保護制度

　生活保護制度は，憲法25条に基づき，国が生活に困窮する国民の最低限度の生活を保障するものである．被保護世帯を100とすると，母子の世帯が占める割合は7.6％である．2011（平成23）年度で，生活保護を受給している母子家庭の世帯は11万3,323世帯である（平成23年度福祉行政報告例から）．

　生活保護制度における最低生活費は，たとえば「母子3人世帯：30歳女，4歳子，2歳子」（1級地―1）の世帯では，最低生活費は192,900円（冬季加算，母子加算，児童養育加算含む）となっている（『平成24年版　厚生労働白書』）．

　母子加算は，一般家庭との均衡から一旦は廃止されたが，2009（平成21）年12月に復活した．子ども手当に対応させるための児童養育加算は，児童手当の取り扱いの中で審議することとなっている．

　生活保護世帯数は，2012（平成24）年7月には212万4,669人となり，保護費は3兆7,000億円を超えるものとなった．また，保護を受けていない一般世帯の中で被保護世帯の収入を下回る世帯が出現することなどから，保護費の水準の見直しが開始されようとしている．

4　就労支援

　2003（平成15）年3月に「母子家庭及び寡婦の生活の安定と向上のための措

置に関する基本方針」(厚生労働省)が出された.このなかでは,都道府県および市町村が行う就業支援がとりあげられている.たとえば○○の事業については,都道府県が自ら実施するだけでなく,母子寡婦福祉団体やNPO,社会福祉協議会等に全部または一部を委託するなど既存の施設・人材などを積極的に活用することが示された.

その後「母子家庭の母親の就労の支援に関する特別措置法」(2008年度までの時限立法)が2003(平成15)年7月に成立し,2003(平成15)年8月から施行された.経済的理由で,生活困難に陥りやすい母子世帯への就労支援を通して,早期に生活の自立ができることがめざされているが,母親が働けるように保育所等での支援や雇用者の理解が得られるような支援策も重要である.

なお,同法に父子家庭の就業支援を追加した「母子家庭の母及び父子家庭の父の就業の支援に関する特別措置法」が2012(平成24)年9月に成立し,ひとり親世帯への就業支援策が恒久化された.

5 子育て支援

ひとり親の子育て支援には,保育所の優先入所はもちろん必要であるが,休日保育や夜間保育,病児・病後児保育の実施,ファミリーサポートセンターの活用も重要である.また,放課後児童クラブ(学童保育等)も現在積極的に取り組まれている.短期入所生活援助事業(ショートステイ)で子どもを児童養護施設等で預かり養護することや,夜間養護事業(トワイライトステイ)による子どもたちへの対応などを利用することができる.児童訪問援助事業(ホームフレンド派遣事業)では,大学生などのボランティアがホームフレンドとして家庭を訪問し,子どもと遊んだり,相談にのったり,学習の指導もするもので,費用負担はない.地域により実施していないところもある.

6 父子家庭が利用できる制度

京都府では,『父と子のくらしのハンドブック』を作成し,制度等の紹介を

しているが，ここでも，父子家庭のための施策はあまりない．子育て支援情報のホームページを開設していることを示し，そこから子育てに関する情報探しを期待しているようである．ハンドブックには以下のような，父子家庭の父親が子育てのストレス解消や仲間から情報を得るための事業が掲載されている．

【父と子のふれあい事業】夏の1泊2日のレクレーション

【ひとり親家庭情報交換事業】身近な仲間と支援者によるレクリエーションや料理教室など．

【ひとり親家庭を励ます知事と新入学児童等のつどい】

しかし，母子家庭の制度施策と比較すると，父子家庭のための制度は不十分な点が多く，父子家庭の実情に合わせた制度づくりがこれからの課題であろう．特に，乳幼児をかかえた父子家庭への支援は，子育てを中心に家事など生活そのものの支援が必要である．

その他，【母子家庭医療費給付制度】，家庭生活支援員を派遣して介護や保育など日常生活の支援をする【ひとり親家庭日常生活支援事業】，【公営住宅の優先入居】【通勤定期乗車券の特別割引】などがある．

⑤ ひとり親家庭の生活支援の課題

ここでは，ひとり親家庭の生活支援についていくつかの課題をみておきたい．

1 適切な情報の提供や手続きについて

ひとり親家庭の制度を有効に活用ができるか，適切な情報提供が必要である．必要書類が多すぎたり，仕事を休んで必要な証明書を取りに行かなければならないために利用できにくいという問題がある．制度の充実に加えて，利用者の立場に立った手続きを考え，利用者が少ない制度については早急に見直しが行われなければならない．ひとり親の母親，父親が制度，施策の情報を早期に知ることが，早期支援につながる．結果，問題が複雑化する前に対応でき，一層

の支援効果があがる．

　また，自治体が制作しているパンフレットの果たす役割は大きい．制度利用の資料として大切な情報である．しかし，その資料は，公的専門機関，福祉事務所などに行かないと入手できない．身近な場所，郵便局，病院，コンビニエンスストアなどにパンフレットなどを置き，情報を周知させて，必要な人が早期に利用できやすくすることが必要である．

2　母子生活支援施設の課題

　長期入所している世帯の母親は，知的に障害がある人や精神障害の人など，子育てをするのに支援の必要な人が多い．入所世帯がかかえる問題が複雑なほど，施設の退所率は低下する．このような世帯に対しての支援は手厚いケアが必要となり，職員体制の見直しなど専門的知識と合わせて取り組みの方法を充実させていかなければならない．また，DVをうけた母子に対しては，母と子の心のケアや，加害者である夫から身を守るための支援など慎重に対応されなければならない．そのほか，近年，小規模分園型（サテライト型）といった形の施設も作られている．母子生活支援施設を運営している法人の支援のもとで，地域社会の民間住宅を活用して，一定期間，暮らすなかで，早期の自立をはかることがめざされている．

3　児童扶養手当の課題

　児童扶養手当は受給者にとって大きな支えになっている．児童扶養手当の所得制限の見直しや，期限を設けた受給が，母子家庭の生活を一層厳しい状況にするのではという懸念がある．

　また，母子家庭に対してのみの支給であったが，父子家庭へも支給されることになった．「『ジェンダーフリー』が実現している社会なら平等に支給すればいいのだろうが，現状では同じひとり親であっても，母子世帯と父子世帯とでは置かれている社会状況がかなり異なる」という主張もある[6]．

就職や賃金など，母親（母子世帯）が受ける社会的不利益は，父子（父子世帯）より多い．男女平等を現実の社会に根付かせることがどれだけ大変かをしっかり受け止め，そこでの差別を明確にしてこそ本当の意味での平等を目指すことができるのではないだろうか．

4 当事者組織と新たなネットワークによる試みへの期待

　母子家庭の当事者組織として母子福祉会がある．地域によって活動もまちまちであるが，当事者同士が悩みを相談でき，交流する場として大きな役割を果たしてきた．「日常生活支援事業」を行政から委託されて行っている支部もある．組織は歴史的に古く，全国組織のもと，各地区が，会を通して事業等の取り組みや交流を行ってきたが，組織率の低下が心配されている．

　父子家庭の当事者組織は，全国的に少なく，第4回の父子福祉全国交流会（平成7年）を最後に大きな大会は開かれていない．これは，母子家庭と歴史的な背景や，法的支え，地域的な取り組み等の違いによるもので，残念ながら縮小ぎみである．京都府を例にとると府内に6つの父子福祉会があり，民生委員などの支援によって活動が行われている．全国的にみても，継続して会の運営が行われている地域であるが，組織率は低くなってきている．

　一方，最近では若い親たちを中心に，当事者のネットワークができている．中でも知られているのが「しんぐるまざーずふぉーらむ」や「母子家庭王国」，「父子家庭王国」などホームページを持つグループである．組織的活動のなかで，同じ悩みを持つひとり親が集まり，社会的啓発や調査，出版と多様な形で問題の把握と社会に向けて，ひとり親がかかえる問題の投げかけを行っていることにも注目したい．

　最後に，ひとり親家庭の親たちの気持ちについて考えてこの章をおわりたい．
　ひとり親家庭の親の中には，子育てをがんばり，仕事をがんばり，がんばりすぎて，疲れきっている人も少なくない．そんなひとり親に，まわりがちょっ

とした配慮をしたり，悩みに耳を傾けることによって，どれだけ力づけられることか．たとえば保育所の保育士の言葉かけや配慮は，ひとり親たちの大きな支えになる．

　また，ひとり親家庭であるからこそ，まわりの人に迷惑をかけないようにがんばってしまうところがあることにも理解がほしい．あるひとり親家庭の父親は学校行事，参観日に積極的に参加すると，ほとんどが母親の中に父親として参加するからこそ，役を引き受けなければならなくなるという．「時間的に余裕があればいいが，日々の生活に負担が大きい．子育ての悩みや，家庭の問題を気楽に話せて情報の把握ができる場として学校での交流はよいが，負担となることを考えると行事等の参加も控えたくなる」と話してくれた．がんばりすぎてしまうこと，そこにあるひとり親の気持ちを理解したい．

　子育ての今日の状況をみれば，どの家庭にも何らかのサポートが必要である．
　ひとり親家庭を特別視するのではなく，多様な家庭の一形態として，理解し支援していくことが望まれる．

注・引用・参考文献

1) 女性には生まれつき母性があり，子育てに向いているという考え方．
2) 母子寡婦福祉法令研究会編『総合的な展開をみせる母子家庭等施策のすべて』ぎょうせい，2004年，p.120
3) 「シングルマザーの子育てに関する調査結果の概要」母子家庭の母の当事者団体であるNPO法人しんぐるまざあず・ふぉーらむの調査（『母子家庭の子どもたち』NPO法人しんぐるまざあず・ふぉーらむ，2003年）
4) 厚生労働省「全国母子世帯等調査結果報告」平成23年
5) 「養育費支払の実情について」（最高裁判所事務総局家庭局）
6) 杉本貴代栄「女性問題の〈セカンドステージ〉とは」（『書籍の窓・2004年No.5　37』有斐閣

〈参考文献〉
① 『山ノ内母子寮・40年のあゆみ』竹田，1981年
② 「広がれ父子福祉のわ」社会福祉法人　京都府社会福祉協議会（京都府社会福祉協議会主催『第9回　京都府内父子福祉交流・推進会議録』2004年3月）

③ 『母子家庭等　日常生活支援事業ガイド』京都府・(社) 京都府母子寡婦福祉連合会
④ 『母子世帯の母への就業支援に関する研究 (JIL　2003年　No.156)』日本労働研究機構

■■|　　　　　　　　　　　　先行文献　　　　　　　　　　　　|■■

① 母子寡婦福祉法令研究会編『総合的な展開をみせる母子家庭等施策のすべて』ぎょうせい，2004年
② 中田照子・杉本貴代栄・森田明美『日米のシングルファーザーたち―父子世帯が抱えるジェンダー問題』ミネルヴァ書房，2001年
③ 杉本貴代栄・森田明美『シングルマザーの暮らしと福祉政策―日本・アメリカ・デンマーク・韓国の比較調査』ミネルヴァ書房，2009年
④ 神原文子，NPO法人しんぐるまざあず・フォーラム・関西編著『ひとり親家庭を支援するために―その現実から支援策を学ぶ』大阪大学出版会，2012年

ドメスティック・バイオレンスの理解と援助

　ドメスティック・バイオレンス（以下 DV と記す）とは夫・パートナー等の親密な関係の中でふるわれる暴力である．しかし，DV はよく言われる夫婦げんかではなく，歴史的背景を持った性差別・人権問題など社会的問題である．

　また，DV 問題を抱える家族に子どもがいる場合には，子どもも巻き込むことが多く，ひどい場合には児童虐待に及ぶ場合もある．DV 問題については 1993 年のウィーン世界人権会議，同年第 48 回国連総会で採択された「女性に対する暴力の撤廃に関する宣言」，1995 年第 4 回世界女性会議で採決された「北京宣言及び行動綱領」等で指摘され，「女性 2000 年会議」の成果文書の中に，夫・パートナーからの暴力に対処するための法整備の強化をはじめ様々な対応策が盛り込まれた．日本においても「配偶者からの暴力の防止及び被害者の保護に関する法律」（DV 防止法）が 2001 年に成立した．

　DV は大別すると①身体的暴力（殴る・蹴る・物を投げる）②性的暴力（強姦する・避妊しない）③精神的暴力（罵る・無視する・自殺すると脅す・殺すと脅す）④経済的暴力（お金を持たせない・お金の使途をチェックする）⑤社会的暴力（外部との連絡を制限する・行動を監視し制限する・家に閉じこめる）⑥子どもを巻き込んだ暴力（子どもに暴力をふるう，または見せる・女性から子どもを取り上げる）となり，多くの場合にこれらの暴力が重複し，繰り返して行われている．

　DV 被害者の女性の多くは，夫の暴力から逃げ出したいと考えているが，実際に逃げ出せずにいる女性が多く，その理由を分類すると次の 6 つになる．

　①DV についての情報や認識の不足—自分が被害者であるという認識を持てない．社会から「我慢が足りないのでは」「あなたが夫を怒らせているのでは」といった誤った目で見られる．②循環する 3 つの暴力サイクル—緊張形成期：爆発期：解放期（ハネムーン期）の 3 つのサイクルが繰り返されることにより，夫が変わってくれるのではないか，このまま何とか過ごせるのではないかと行った期待を持つこととなる．③PTSD—

心的外傷後ストレス症状として，うつ状態・無力感・自責感や罪悪感・恐怖感などが，症状として出ることがあり，これがDVから逃げ出せない問題となる．④経済問題―経済的生活基盤が無く，生活困難となることをおそれ離婚できない．⑤依存関係―経済問題では妻が夫に依存していることが多いが，生活（衣食住）においては，夫が妻に依存していることが多く，独りで生活できないために逃げ出せなかったり，執拗に追跡し連れ戻すといったことがおきる．⑥子どもの問題―暴力が直接子どもに及ぶ場合も多いが，表面的には良い父親である場合も多く，妻は子どもにとっての父親の必要性を感じ，逃げ出せない．

DV防止法の成立により，「配偶者暴力相談支援センター」が婦人相談所またはその他の適切な施設に設置され，被害者の相談やカウンセリング・一時保護・各種情報の提供が行われるようになった．また，同法の「保護命令」により，被害者へ接見の禁止や，住居からの退去を命令することができるようになった．DV被害者は，長期にわたる暴力により，精神的肉体的にもぼろぼろの状態で，逃げ出し保護を求めてくることがほとんどである．PTSD等の心の傷に苦しむ母子も多く，その保護と援助に際しては，DVに対する正しい知識と専門性を持った援助が必要である．特に援助に際しては受容と共感を持って接し，その生活において安全と安心感・安定感を取り戻すことが不可欠であり，必要な場合にはカウンセリングなどを取り入れた専門的援助が受けられる体制が必要である．また，子どもが，精神的あるいは肉体的虐待を受けていることも多く，子どもに対してもケアを十分に行える体制やネットワーク作りを行う必要がある．加害者である男性に対する，ケア体制を構築していくことも今後の重要な課題である．

参考文献

1) Gelles, Richard J., and Straus, Murray A., *Intensive Violence,* New York: Simon and Schuster, 1988.
2) Grove, B., et al. "Silent Victims," *Journal of American Medical Association.* 13 Jan.1993: Vol. 269 No.2 262-265 "TFNet Japan" (http://www.tfnetjapan.org/index.html)
3) 日本DV防止・情報センター『ドメスティック・バイオレンスへの視点』朱鷺書房，1999年

芹沢　出（母子生活支援施設施設長）

第8章
児童家庭福祉の専門職と その支援

被虐待児童と家族に対する児童養護施設職員の支援

大輔の施設入所の背景

大輔（仮名・小6）は，生後まもなく両親が離婚，母と共に暮らす．母は10代で大輔を出産，育児がうまく出来ず，適切な躾がなされなかった．母は間もなく再婚したが，大輔の行動が継父には理解できず，躾けるために殴っていた．アパートの住人からは夜中に子どもが壁に叩きつけられる音がすると警察に通報があったりもした．このような生活から，大輔は小2のときに児童相談所に保護され，児童養護施設にやってきた．入所後は，対人関係の難しさ，新しい場面や集団場面への不適応，過食，強い自己否定感，大人不信などといった行動や症状があった．軽度知的障害，広汎性発達障害ももっていた．

施設入所後の様子

施設から学校に通い始めたが，授業中に突然奇声をあげて走り回り，他児童を殴る，掲示物を破る，教員への悪態をつく毎日であった．教員が強く静止，叱責すると，白目を剥き，顔を紅潮させてより一層暴れた．PTAが大輔をめぐって緊急保護者会を開いたこともある．

しかし，大輔はそのような自分でいたいわけではなかった．問題を起こしたあとは，「どうせ俺なんて……」と言うのが口癖であった．夕方になると，台所で夕食の支度をする保育士の側にぴったりとくっついてくるので，保育士と一緒に夕食の支度をすることが日課になった．得意なサッカーボールが上手に蹴れた時，皿をきれいにテーブルに並べられた時，職員にたくさんほめられて，大輔は満足そうな笑顔を見せた．夕食後は指導員と毎日日記を書いた．就寝時は，保育士がベッドわきで絵本を読み聞かせた．安心感のうちに一日を終わらせ，次の朝を，希望を持って迎えられるように支えたいというのが職員共通の思いであった．

大輔と両親の成長・変化

　学校とは連絡帳を使って毎日大輔の様子を連絡しあった．医療面では，職員が毎日記す養護日誌を参考に，医師と臨床心理士が薬物療法やプレイセラピーを進めた．定期的なネットワークミーティングでは，情報交換と今後のケア方針を検討した．大輔は児童相談所の心理判定の結果，療育手帳を取得した．6年生になってから，地域の知的障害者授産施設を月1回利用させてもらい，保育士と一緒に機織りをしている．授産施設の利用者や職員から可愛がられることで，大輔は，毎月楽しみに参加するようになっていった．

　児童指導員は両親とも度々面接し，育児相談を受けた．両親も大輔の育て方に悩み，結果として虐待に至ったことがわかった．児童相談所でも親指導が行われていた．時には児童相談所の児童福祉司と母をまじえて，大輔への関わり方や今後の方向性を話し合った．母にはクリニックにも一緒に受診してもらったり，小学校の行事や個人面談にも母に来てもらうようにしていくうちに，大輔も少しずつ自宅への外泊ができるようになっていった．

（永井　亮）

　上記の事例のように，施設職員は子どもの自ら生きようとする力を引き出す支援をする役割をもつ．土砂降りの中，しばらく雨宿りをさせてもらうことで，雨風をしのぐ時もあれば，となりで傘をさしかけてもらうだけですむ時もあるというように，適切な支援により，子どもは自分の生活を取り戻すことができる．この章では，児童家庭福祉を支える専門職の基本的理論，資格，課題について学ぶ．

① 児童家庭福祉の専門性

1 ソーシャルワークと児童家庭福祉

児童やその家族の相談援助にあたる児童福祉司や児童指導員等はソーシャルワーカーとしての役割が期待されている．それは，児童が豊かな安心した生活をおくれるような環境や人間関係づくりへの支援を行い，児童の心身の成長・発達を促すことなどの役割である．そのために家族との関係修復・再生，再統合に向けての支援なども重要である．

また，保育士には，児童の保育と共に，児童の保護者に対する支援を行うことが求められており，ソーシャルワーク機能をもつことが必要になってきているといわれている．

ソーシャルワークの定義については，2000年の国際ソーシャルワーカー連盟（IFSW）総会にて採択されたものがある[1]．

「ソーシャルワーク専門職は，人間の福利（ウェルビーイング）の増進を目指して，社会の変革を進め，人間関係における問題解決を図り，人々のエンパワーメントと解放を促していく．ソーシャルワークは，人間の行動と社会システムに関する理論を利用して，人びとがその環境と相互に影響し合う接点に介入する．人権と社会正義の原理は，ソーシャルワークの拠り所とする基盤である．」

ソーシャルワークは，人びととその環境と相互に影響し合う接点に介入し，人間関係における問題解決を図り，人びとのエンパワメントを促す，自立を支援する，援助の過程とみることができる[2]．

2 児童家庭福祉の専門職の機能

児童の豊かで安定した，安心できる生活を支え，人として社会で生きていく力を育むことを支援するためには，児童への保育や相談等による直接的な支援と共に，家族への支援，所属する機関や施設の運営や連携，行政や地域社会への働きかけも必要となる．

ソーシャルワークの展開として，①児童や家族などへの直接的な援助により，当事者の問題解決能力や自立する力を強化し，必要な社会資源との関係構築・調整をはかる（ミクロレベル）②所属する機関・施設へ働きかけ効果的な運営や連携を促進する（メゾレベル）③制度・施策の改善に向け，行政や地域・社会への働きかける（マクロレベル）という，三つレベルで実践がある．

そのレベルごとのソーシャルワーカーの機能として，以下のものがある．[3]

(1) 利用者の問題解決能力や環境への対処能力を強化するための機能
　　①側面的援助　②代弁機能　③直接処遇機能　④教育機能　⑤保護機能
(2) 利用者と必要な社会資源との関係構築・調整のための機能機能
　　①仲介機能　②調停機能　③ケア（ケース）マネジメント機能
(3) 機関や施設の効果的な運営や相互の連携を促進するための機能
　　①管理・運営機能　②スーパービジョン機能　③ネットワーキング機能
(4) 制度や施策の改善・発展，または社会全体の変革を促すための機能
　　①代弁・社会変革機能　②組織化機能　③調査・計画機能

担当する業務や役職によって，実践する内容は異なるが，直接処遇のみでなく，児童や家族の声を代弁することや，児童や家族に必要な社会資源とつなぎ合わせていくことも必要である．具体的には，どの施設への利用が有効なのか，児童が施設を退所する場合どのような社会資源の活用が望まれるのか，児童や家族とともに施設や職場，居住地等を訪問し，児童の自己決定を促していく機能等である．

また，ミクロの実践だけでなく，児童や家族のニーズや評価を尊重し，施設としての苦情解決や自己評価にも参画し，所属する組織が効果的に運営されるよう働きかけたり，他の職員や職種，他の機関の専門職やボランティア，地域住民との協力や連携をしていく．そして，たとえば，職員の不足や，児童や家族への支援が充分にできない状況改善のために，最低基準の改善，職員配置基準の定数改善の提案という児童家庭福祉施策改善や地域の福祉ニーズの把握や

計画への参加等，メゾ実践やマクロ実践の機能を発揮することも専門職として重要である．これらは，意識されずに実践されてきている面があるが，ソーシャルワーク機能として概念化し，実践していくことが大切である．

3 児童家庭福祉の専門職の専門性

社会福祉の専門職に求められる専門性は「価値・倫理」「知識」「技術」という三つの構成要素から成り立つ．

(1) 価値・倫理

児童家庭福祉における価値と倫理について，「ソーシャルワーカー倫理綱領（改訂最終案）」「保育士倫理綱領」と国連「児童の権利に関する条約」をもとにみていく．

価値とは人の物事の考え方や判断の基準である．

児童家庭福祉の価値は，「すべての人は平等であり，価値ある存在であり，人としての尊厳を有している」ことを深く認識し，① 基本的人権を尊重し，権利を擁護すること ② 社会正義に基づいて，サービス利用者本位の質の高い福祉サービスの開発と提供すること，それにより，③ 社会福祉の推進と利用者の自己実現を目指すことである．

特に児童家庭福祉の専門職に求められるのは，「児童の最善の利益の尊重」であり，「変化の可能性」を信じることである．

児童は，豊かな愛情の中で育てられ，成長・発達していく．障害や虐待等という内的因子・環境因子により成長や発達が一般の児童に比べて遅れが見えても，児童に対する育児拒否や暴力行為の見られる家族に対しても，変化の可能性を信じることが大切である．児童の成長・発達を促し，社会の一員として自立した生活を営むことに向けて，支援していくのである．

また，支援にあっては，利用者，実践現場，社会の各々への倫理責任と専門職としての倫理責任がある．利用者の自己決定やプライバシーを尊重し，必要

な情報をわかりやすく説明すること,利用者から要求があれば記録を開示すること,他の専門職等と連携・協働し,社会へ働きかけ,自己の専門性の向上を図ること等が守るべき倫理としてあげられる.

(2) 知　識

　知識については,社会福祉固有の① 児童家庭福祉関係の専門の価値・倫理,知識,技術に関する理解 ② 関係制度・施策,人的資源,地域の社会資源の理解はもとより,隣接する諸科学(社会学,経済学,心理学,医学等)を通して③ 人間の行動や社会環境を理解することが必要である.

　事例のように,障害や親からの虐待による,対人関係の難しさ,様々な場面への不適応,自己否定感,大人不信等がみられる場合,障害の特性や被虐待児の特性を知識として理解しなければならない.

　また,関連する他の機関・施設等の専門職や関係者との連携においても,児童の障害や環境等の状況についての相互理解が必要である.児童の通う学校の教員や地域の民生委員,住民等関係者へ適切な情報を提供し,理解を促し,協力関係を作っていく.

(3) 方法・技術について

　従来,ケースワーク,グループワーク,コミュニティワーク等がそれぞれ独立した実践方法とされていた.しかし,アメリカにおける統合化の影響を受け,日本においても統合化が進められている.ソーシャルワーカー養成教育のカリキュラムでは「社会福祉援助技術」として,統合化されてきており,場面に応じて,個別,集団,地域等の技法を使い分けることとなった.

　直接的な援助技術として,ソーシャル・ケースワーク(個別援助技術)とソーシャル・グループワーク(集団援助技術),間接的な方法として,地域住民への取り組みとしてのコミュニティワーク(地域援助技術)やソーシャル・リサーチ(社会福祉調査法),アドミニストレーション(社会福祉運営管理),ソ

ーシャル・アクション（社会活動法），ソーシャル・プランニング（社会福祉計画法）等がある．

特に，ここでは，児童家庭福祉における直接援助技術に関する内容と援助の原則について検討したい．

① 直接援助技術にあたっての内容と原則

ソーシャル・ケースワークは，児童や家族に対する相談支援や生活支援において個別的に行われるものである．

ソーシャル・グループワークは，援助を必要としている児童や家族等構成メンバーの課題解決のため，そのメンバーとワーカーとの間に意図的な関係を構築し，グループメンバー同士の力を活かし，抱える課題の解決を目指していく方法である．施設での集団生活において，ソーシャルワーク・グループワークの技術が活用される．セルフヘルプグループといって，同じ課題を抱える，たとえば障害がある児童や被虐待児の親，薬物依存の児童のグループ活動等さまざまなグループ実践もある．

家族支援の方法については，アメリカにおいて1970年代から研究された家族療法を学んだソーシャルワーカーによって理論化が進んだ[4]．けれども日本での取り組みは遅れている．

援助過程としては，準備，開始，初期の接触，アセスメント（事前評価），支援計画の作成，支援計画の実行・専門的介入，モニタリング（事後評価），終結となる．ただし，モニタリングの結果により，再アセスメントを行い，再び支援計画の作成へという経過をたどる．

支援の課程において，利用者の参加を促し，信頼関係をつくりながら目標を設定し，支援への理解と合意を形成しながら目標を共有していくことが大切である．

② 支援関係の原則

支援関係を形成する技法の原則として有名なものとして「バイステックの7原則」がある（1957年「The Casework Relationship」）．この原則が著されてから，

すでに50年近くがすぎているが，これらは今の時代にも有効な基本原理であり，この原則を児童家庭福祉に応用すると次のようになる．[5]
1）子ども・家族の個別性や独自性を尊重する（個別化）．
2）子ども・家族の感情表現を大切にする（意図的感情表現）．
3）援助関係において子どもや家族とさまざまな情緒的交換が行われるが，援助者は自分自身の感情に気づき，自分の感情を自覚，吟味し，適切に反応する（統制された感情的関与）．
4）まずは子ども・家族のすべてを認め，受けとめる（受容）．
5）子ども・家族の問題行動などを一方的に非難しない（非審判的態度）．
6）子ども・家族の自己決定を促し，その意思を尊重する（自己決定）．
7）子ども・家族について得た情報を外部にもらさない（守秘義務）．

(4) 家族支援にあたっての留意点

児童とその家族の支援にあたっては，誰が支援を必要としているのかを明確にする．個別的対応として，それぞれの相談面接を実施する場合と全体としての家族，集団としての家族としてとらえ，家族間の関係を把握し，必要な支援を行う．家族関係の理解を深めるための技法としてマッピング技法がある．個人と家族のみの課題なのか，家族全体の問題か，世代を超えた家族の特性としての問題か，等，ジェノグラム（家族関係図）やエコマップ（関係図）等を活用すると，家族の構成や関係が視覚的に把握しやすい．

4 児童家庭福祉の専門職の技能

支援にあたっては対人援助として，さまざまな技能が必要であるが，ここでは特にコミュニケーションと自己理解について取り上げる．

(1) コミュニケーション

児童福祉施設などを利用する子どもたちに，愛されず，認められずに育って

きた被虐待児等がいる．この子どもたちは，ほとんどが自己肯定観をもてずに育ってきている．

　まず，児童に対する体罰は行わないことが前提である．一緒に話をしたり，ゲームをしたり，歌ったり，さまざまな形でコミュニケーションをとりながら，安心して関われる人であることを認識してもらう．

　親の中には，親自身が虐待や暴力を受けているケースもあるが，親との信頼関係を作る場合にも，原則は同じである．自分の悩みをこの人なら安心して相談できるという気持ちになるような，支援者の言葉（言語），顔の表情や声の状態や態度（非言語）でのコミュニケーションが重要である．

　信頼関係ができるまでは，拒否的であったり，大人がどこまで受け入れてくれるか「試す」という行為がしばしばみられる．挨拶をしても返事が返ってこないばかりか，「挨拶などしないよ」というような態度を示す場合もある．それも，その児童にとっての自己表現であり，コミュニケーションである．支援にあたって，拒否的な態度をとられると，支援者の気持ちが落ち込み，支援への意欲もなくなる場合がある．なぜ，拒否的な態度をとっているのか検討し，信頼関係を形成する糸口を見つけること，具体的には，声かけをし続ける，児童の関心がある活動に一緒に参加すること等が大切である．

(2)　自己理解

　自分の価値観や傾向を認識し，「幼い頃に近所にいたAさんのようなタイプの人に出会うとすぐに反発したくなる」「自分と親と同じようなタイプの人に出会うと依存してしまいがちになり，いうがままになってしまいがちになり，専門的支援関係がとれなくなる．」というような苦手なタイプの傾向を自分自身で理解しておく必要がある．たとえば，そのような苦手なタイプの親が相談に訪れた時，いつもと違う自分に気づくことにより，「私はこのようなタイプを苦手にしているので，注意する必要がある」と認識することができる．

　また，自分の適性を見極め，専門職として対人援助の業務に就くことが難し

いなと判断した場合，他の領域で自分がやりたいことに向かう進路変更や業務変更も検討する必要がある．その判断をすることは，とても勇気がいることであるが，適性を見極めて行動することは，自己と支援を必要としている児童とその家族を守る上で，大切な事柄である．

② 児童家庭福祉を支える専門職の種類

　児童家庭福祉の専門職員は，児童相談所や福祉事務所等の行政機関，児童福祉施設，民間団体に所属している．表8-1のような専門職や非専門職，ボランティアがその支援にあたっている．相談，判定などを行う機関，児童を直接指導する児童福祉施設におかれている．それらの職員の中には，児童福祉等を学んで児童指導員に任用されたものだけではなく，医師や看護師，児童心理司，栄養士といった，福祉以外の専門的教育を受けた職員もいる．

　また，民間の個人や団体，組織として，里親，児童委員，主任児童委員，児童福祉審議会委員，民間児童福祉団体等の職員，ボランティア等がいる．

　児童の問題が多様化・複雑化してくる中で，他の関係機関との協力や連携も重要になってきている．表8-2は関連機関，施設とその職員等主なものをまとめたものである．学齢期である場合は学校に通っており，教育機関との協力や，障害や疾病，虐待や暴力がある場合は，医療機関とつながりをもつ必要がある．非行や犯罪との関係で警察や司法との連携，就労支援での労働関係との連携も必要となっている．在宅であっても施設にいても，地域の中でのさまざまな社会資源，人的資源との協力・連携が重要である．

表8-1　児童福祉関係機関・施設における職員等

	機関・施設名	保育，相談・指導関係の職員	他の専門職等職員
児童福祉関係機関	児童相談所	所長※1 児童福祉司※1	医師，保健師 児童心理司 心理療法担当職員 嘱託医，栄養士，調理員
	一時保護所	児童指導員※1，保育士	
	福祉事務所	社会福祉主事※1 母子自立支援員 家庭相談員※1	
	保健所，保健センター	精神保健福祉相談員※1	保健師
	婦人相談所	婦人相談員※1	
児童福祉施設	児童福祉施設	施設長※3 保育士 児童指導員※1 家庭支援専門相談員※1 個別対応職員 母子支援員※1※2 少年を指導する職員 （少年指導員） 児童自立支援専門員※1 児童生活支援員※1※2 遊びを指導する者※1※2 （児童厚生員） 相談・支援担当職員※1 児童発達支援管理責任者	医師，助産師 嘱託医 看護師 栄養士 調理員 職業指導員 機能訓練担当職員 理学療法士 作業療法士 心理指導担当職員 心理療法担当職員
障がい児関係		障害者相談支援専門員 相談支援専門員 サービス管理責任者 サービス提供責任者	
ボランティア	市町村	児童委員・主任児童委員	

※1）社会福祉士の任用が法律で規定されているもの．
※2）保育士の任用が法律で規定されているもの．
※3）乳児院や児童養護施設等障がい児関係以外の入所施設の施設長は社会福祉士の任用が法律で規定されている．

表8-2　関連機関・施設における職員等

	関連機関・施設	相談・指導関係職員	関連専門職・ボランティア
教育	幼稚園，学校，教育相談機関等	スクール・ソーシャルワーカー	教諭，特別支援学校コーディネーター，スクールカウンセラー
医療	子ども病院，精神科病院，一般病院等	医療ソーシャルワーカー　精神科ソーシャルワーカー（精神保健福祉士）	医師，看護師，保健師，OT，PT，ST，臨床心理士，栄養士
司法・警察	家庭裁判所，少年鑑別所，矯正機関，警察，少年サポートセンター等	家庭裁判所調査官，法務教官，保護観察官，少年補導員	家事審判官，弁護士，調停委員，保護司，少年補導員，協力雇用主
労働	公共職業安定所（ハローワーク），地域障害者職業センター，勤労青少年ホーム等	職業相談員，職場適応援助者（ジョブコーチ）等	

※筆者作成

　課題と展望

〈大輔のその後—施設職員の喜びと悩み〉

　施設入所して3年経った頃から，大輔は次第に私たち職員，教員など，周りの大人に素直に甘えを出すようになった．入所当初の大輔は，人間関係を「虐待される自己と虐待する他者」と認知していることと，他者への愛情表現として暴力を使うことがうかがわれたが，それでも大輔が自分を尊いと思え，他者を信じられるようになるまで寄り添い支えたい，それが私たちの願いであった．

　6年生になった大輔は，クラスで班長に立候補した．国語の授業で物語の主人公に共感する発言をするようになった．日々の日記にも，一行だけのときもあれば，「今日は○○君のサッカーの試合を見にいった．僕も○○くんみたいに上手になりたい」と希望を書くときもあった．日記を記すことで，大輔は自分の毎日に意味や希望を徐々に見出していったようだ．大輔が徐々に自分に自信を持ち，他者への信頼や共感能力を養っている過程ではないかと，私たちは嬉しくなった．地域や学校に対しても私たちから出向いて理解を求める中で，大輔を理解し共に育てようと協力して下さる方々も増えてきた．

私たちは，生活支援の専門職として，虐待によって傷つけられた子どもの心と人権を回復し，子どもと社会との架け橋となる存在である．そのために施設内の安定した養護環境の保障のみならず，あらゆる社会資源との協働が不可欠である．また，傷ついた子どもの内面を理解し，生活の中で回復を支援するための専門性を高める研鑽も必要である．私の場合は，園内外で児童虐待や児童心理，福祉援助技術などの研修を受けたり，寮内で事例検討会を開いたり，スーパービジョンを受けたりした．

　大輔のように学校や地域で様々なトラブルを起こす子どもも少なくないため，菓子折りを抱えて近隣へ陳謝に行くこともしばしばあり，寮に1週間に2～3泊していた．仕事が時間内に終わることはなかなかないし，学ぶ時間を作るのは容易ではなかった．
　　　　　　　　　　　　　　　　　　　　　　　　　　　　　　　　　（永井亮）

1 専門職の向上のためのシステムづくり

　児童相談所や児童福祉施設の職員体制の不充分さや職員の専門性の未熟さは子どもを死に至らしめる虐待を防げなかったり，施設内の体罰・虐待にもつながる[6]．専門性の向上のために求められる課題は多い．

　その一つは任用の問題である．相談機関である児童相談所に配置されている社会福祉主事や児童福祉司は，その職種に配属された場合に必要になる任用資格である．児童福祉施設に配属されている児童福祉施設長・児童指導員・児童自立支援専門員・児童生活支援員・母子指導員等は「児童福祉施設の設備及び運営に関する基準」で任用が定められている．社会福祉士や保育士が国家資格化されたが，名称独占の資格で，医師や看護師，保健師，弁護士，教員のようにその資格を取得していないとその業務に就けないという業務独占ではない．児童相談所の所長や児童福祉司については，国家資格である「社会福祉士」の任用が法律で規定され，児童福祉施設に勤務する職員については「社会福祉士」「保育士」の資格取得者がようやく位置づけられてきたところである．

　二つ目にあげることは養成教育・研修のあり方である．社会福祉士養成校，保育士養成校の養成カリキュラムにおいて，たとえば授業と遊離しない実習教育のあり方，グループワークやロールプレイ，フィールドワークをとりいれた学生参画学習の方法の検討といったことも必要であろう．大学院教育，生涯研

修のあり方にも課題は多い．

　三番目にスーパービジョンについてとりあげたい．専門的な力量の向上のためには，管理的・教育的・支持的機能をもつスーパービジョン体制の確立が不可欠である．深刻な複雑なケースを支援でき，スーパーバイザーとなりうる，高度な専門性をもつ上級ソーシャルワーカーや保育士の養成，研修のシステムの導入も検討する必要がある．

2 ファミリーソーシャルワークについて

　児童相談所の児童福祉司や家庭児童相談室の家庭相談員，母子生活支援施設の母子自立支援員は児童とその家族に対する支援を行ってきた．

　家族支援の専門相談員としてファミリーケースワーカー（家庭支援専門相談員）が配置されたのは，2011年の「児童福祉施設最低基準等の一部を改正する省令」による．被虐待児が多く生活するようになっている乳児院はもとより，児童養護施設，児童自立支援施設，情緒障害児短期治療施設に配置が義務化された．

　そして，その資格は，社会福祉士若しくは精神保健福祉士の資格を有する者，それぞれの施設で5年以上従事した者又は児童福祉司の任用資格に該当する者と規定されている．

　児童虐待が深刻化し，家族関係の課題が増えている今日，相談機関でファミリーソーシャルワークの役割を担うとともに，児童福祉施設においても児童と家族からの相談を受け，連携しつつ親子関係の再構築に向けた支援を行うことが重要になってきている．今後，児童福祉司や児童福祉施設のファミリーソーシャルワークの専門性の向上に向けて理論や実践技術の構築，養成や研修のあり方を充実していく必要がある．

3 児童家庭福祉の専門職の配置や増員について

　児童相談所では，児童虐待についての相談対応件数の増加とともに深刻なケ

ースが増える一方，児童福祉司は広域で担当ケースが多過ぎ，人員配置が不十分な状況があり，2004年度からは市町村も虐待等の相談対応を行うこととなった．児童相談所数等をみると，2000年では175か所で児童福祉司1,313人であったが，2011年では206か所で2,606人となった．増員されたことに一定の評価はできるが，福祉の専門教育を受けていない一般の行政職職員が担当している場合も多く，専門性や配置人数で深刻化する児童虐待に十分対応できていない状況である．

また，児童福祉施設ではさまざまな課題をかかえて入所する児童が増加しており，ようやく2011年に児童福祉法や児童福祉施設最低基準が改正され，人員・設備・運営基準が見直された．職員の資格要件に社会福祉士や保育士の任用が増え，できるだけ家庭的な環境で育ちを支えるため，施設の小規模化や里親の推進が目指されてきている．

厳しい仕事の条件の中で，燃え尽きてやめていく職員が少なくないことも現実である．職員が次々に変わるような状況は，子どもたちにとって不安定で不適切な環境である．

児童福祉に関わる仕事を希望する人たちの熱意や思いがいかされ，専門職としての力を向上させ，発揮できるような，福祉施設・機関の条件整備が求められているのである．

注・引用・参考文献

1) 日本ソーシャルワーカー協会，日本社会福祉士会，日本医療社会事業協会で構成するIFSW日本国調整団体が2001年に決定した定訳による．
2) 仲村優一『社会福祉士の位置と役割』日本社会福祉士会編「新　社会福祉援助の共通基盤　上」中央法規，2004年，pp.4-5　なお，エンパワメントは，「能力または権限を与えること」が原意である．
3) 空閑浩人「ソーシャルワーカーの機能」日本社会福祉士会編『新　社会福祉援助の共通基盤　上』中央法規，2004年
　　全米ソーシャルワーカー協会編・日本ソーシャルワーカー協会訳『ソーシャルワーク実務基準および業務指針』相川書房，1997年

4）前田ケイ「PSW の方法と技法」宮下忠雄・山下格・風祭元監修『こころの科学』日本評論社，88 号，1999 年
5）バイステック，K.（尾崎新・福田俊子・原田和幸訳）「ケースワークの原則──援助関係を形成する技法」（新訳版）誠信書房，1996 年．「The Casework Relationship」(1957)
6）恩_{おん}寵_{ちょう}園の子どもたちを支える会編『養護施設の児童虐待』明石書店，2001 年

〈参考文献〉
① 大塚達雄・澤田健次郎編『社会福祉の方法と実際（改訂版）』ミネルヴァ書房，2002 年
② 黒木保博・福山和女・牧里毎治編『社会福祉援助技術論（下）』ミネルヴァ書房，2002 年
③ 菅原哲雄『家族の再生──ファミリーソーシャルワーカーの仕事』言叢社，2004 年
④ 全国児童養護施設協議会編「特集ファミリーソーシャルワークを考える」『季刊児童養護』Vol.35 No.2，2004 年
⑤ 高橋重宏『児童福祉分野における職員の専門性及びその国際比較に関する研究』厚生科学研究費補助金総合プロジェクト研究分野，子ども家庭総合研究 2003 年 3 月
⑥ 日本学術会議第 18 期社会福祉・社会保障研究連絡委員会『ソーシャルワークが展開できる社会システムづくりへの提案』2003 年 6 月 24 日

先行文献

① 松田博雄・山本真実・熊井利廣編・地域子ども家庭支援研究会『三鷹市の子ども家庭支援ネットワーク』ミネルヴァ書房，2003 年
② 斉藤幸芳・藤井常文編著『児童相談所はいま──児童福祉司からの現場報告』ミネルヴァ書房，2012 年
③ 山下英三郎『(分かりやすいソーシャルワーク実践) 相談援助・自らを問い・可能性を感じとる──子どもたちとの関わりを中心に』学苑社，2006 年
④ 久田則夫『どうすれば福祉のプロになれるか──カベを乗り越え活路を開く仕事術』中央法規出版，2004 年

アメリカの児童家庭福祉の焦点：シングルマザーとその子どもたち

　1996年に成立した「個人責任と就労機会調停法（The Personal Responsibility and Work Opportunities Reconciliation Act: PRWOR）」とは，1935年の社会保障法によって確立されたアメリカの社会福祉を，大きく変える大改革であった．このような大改革が行われた背景には，未婚や離婚の母親と子どもからなるシングルマザー家族が急増し，連邦最大の福祉プログラムである「要扶養児童家族扶助（Aid to Families with Dependent Children: AFDC）」の受給者の大部分を占めるようになったことがある．増加を続けるAFDC受給者を減少させることをターゲットにしたPRWORは，AFDCを廃止し，それに代えて「貧困家族への一時扶助（Temporary Assistance for Needy Families: TANF）」を施行した．AFDCと比べてTANFは一段と厳しいプログラムである．一括補助金として支出されること，受給期間の5年間制限，働くことの要請，子の父（シングルファーザー）による私的扶養を強調すること等の，厳しい規定が盛り込まれた．またTANFだけに限らずPRWORの特徴とは，「個人責任と就労機会調停法」というその名称がよく表しているように，貧困を個人の責任として追及することを強調している．基本的には，個人と家族の行動を修正することによって貧困を減少させるという考えに立脚し，制度・プログラムを展開している（未婚の出産やシングルマザーを減少させることもまた，個人と家族の行動を修正することによって達成されるとしている）．働くことと結婚―これがPRWORの重要視した改革の二つの柱なのである．

　AFDCが創設された背景には，アメリカの児童福祉の考え方がある．伝統的に子どもに関する事柄は家族に任せるべきことであり，政府が施策として介入すべきことではないという「合意」がある．先進国のなかで，アメリカは唯一児童手当制度を持たない国であるが，それはこのような理由に依っている．基本的に子どもは家族の責任のもと，家庭で育てられるべきであり，政府はそのために必要とされる補助を貧困家庭に与えること，同時に多くの民間団体が家族では満たされないニーズへの対応サービスを担う，というのがアメリカの児童福祉の基本的な考え方である．このような意図に沿ってAFDCが創設されたのである．

　しかし，AFDCはその後の改革のなかでその対象を拡大し，連邦財政の支出を増加させた．一方で，受給世帯の母親は就労をしないという前提で開始されたことを変更し，母親の就労支援や一定の条件下での就労を義務付ける等の修正を行ったが，これらの改革は功を奏せず，AFDCの支出は増加し続けた．未婚や

離婚による母子世帯が急増し続けたこと，それらの世帯が受給世帯として貧困層に沈殿したからである．このような社会的状況下で，1996年にクリントン大統領が署名をした社会福祉改革法が PRWOR なのであった．

福祉改革が行われた結果として，TANF（旧 AFDC）の受給者は減少した．AFDC 受給者のピークは 1994 年で，月平均約 500 万家族が受給していたが，1999 年の TANF 受給者は約 250 万家族となり，ピーク時の約半数と減少した．このような受給者の大幅な減少を見る限り，福祉改革は「大成功」したと言えるだろう．しかし受給者数は大幅に減少したものの，多くの課題が明らかとなった．一方の柱である「働くこと」に関しては，就労できるシングルマザーは就労したが，その条件に満たない，より多くの困難を抱えるシングルマザーとその家族は，受給者の「コア」として取り残され，新しいシステムの深層に沈殿しつつある．

受給者の減少は多くの州で白人のシングルマザーの間から起こったため，受給者の「コア」として取り残されるシングルマザーは人種的マイノリティーに集中し，TANF の人種的側面は一層強まった．また，就労したシングルマザーにしても，得られた仕事の多くは低賃金の，一時的な仕事であり，その生活は他の公的援助なしにはなりたつことが難しい．受給者が減少したにもかかわらず貧困なシングルマザーとその子どもたちは，依然として減少していないのである．

2004 年 8 月にアメリカ統計局から報告された貧困レポートは，この傾向を明らかにした．報告によると，貧困層に滑り落ちた人は 2000 年以来毎年増加し，2003 年には前年よりも 130 万人も増えて 3,590 万人となった．これは人口比にすると 12.5％である．子どもの貧困率も 1998 年以来増加を続け，2003 年には 17.6％に達した．1,290 万人の子どもが貧困であり，貧困層の 3 分の 1 は子どもたちなのである．このようなデータの背景には，上述したようにシングルマザー家族が貧困に陥っていること，福祉改革がシングルマザーとその子どもたちに有効に働いていないことがある．しかし，2002 年 10 月に 5 年を経過して第 2 期に入った PRWOR は，受給者を労働市場へ送り出す政策と，結婚を奨励する政策をより強力に施行しつつある．シングルマザーとその子どもたちが社会福祉受給者として沈殿する現象は「貧困の女性化」と呼ばれ，現代のアメリカの貧困の一大特徴となっている．それを取り除くためには，ジェンダー視点をもった貧困問題への取組が必要であることは言うまでもない．

杉本貴代栄（金城学院大学）

エピローグ——子どもたちの〈居場所〉，"ふるさと"づくり

　ページを辿ってきたあなたの心には，事例にとりあげられた歴史の中の子どもたちや現代社会の子どもたちの「せつない」姿が残ったかもしれない．

　けれども，今日，日本中のどの街にも児童家庭福祉の機関・施設が網の目のように張り巡らされ，そこには，毎日子どもたちの生活と成長を精一杯支援する大勢の福祉職の人たちがいることも理解していただけたであろう．

　もちろん，現在の児童家庭福祉では解消できえていない子どもや家庭の問題もたくさんある．それらの問題は児童家庭福祉だけでは対応しえないのかもしれない．現象として表れているさまざまな問題は，日本という国が豊かさを求めてまい進する中で，子どもたちから奪ってきたもの，子どもたちが失ってきたものがあることを示している．

　失われたもの，それは子どもたちの居場所である．居場所といっても，ひとつの場所や空間のことではない．風のにおいや土のにおい，人のにおいがする"ふるさと"である．

　富士山の見える，地方の街では，休耕田となって荒れ果てた田んぼや山林を，子どもたちの体験ファームエリアによみがえらせる動きがある．それは，「めだかの学校」と名づけられた活動からはじまった．リーダーの源一さんは街の子どもたちのためにコンクリートで塗り固められた川にもう一度めだかを泳がせたい，蛍を呼び戻したいと，住民たちによびかけて里山や湖の整備を続けてきた．その活動が評価されて，源一さんは市の「街づくり委員会」の委員長に任命された．「街づくり委員会」の「里山まるごと再生計画」は，市長に提出した後，小学校の子どもたちに報告される．メンバーの一人，白銀さんはいう．「里山がよみがえるのが私の33回忌でもいい」と．50年かけて失われたものを新たな形でよみがえらせるためには，同じくらいの年月が必要なのかもしれない．高齢化が進んだ街に，巣立った子どもたちが戻ってくること，都会の子どももやってきてくれることを願って進められている里山作りは，次の世代に受

け継がれていくだろう．

　大都市近郊のベッドタウンでも，この街を子どもたちの居場所にするための活動が続けられている．それは，〈ベッドタウン〉を子どもたちの"ふるさと"に変えようという自治会の活動である．生まれも育ちも職業も異なる人々をつなぐために，年1回，実行委員会をたちあげ，手作りの夏祭りがおこなわれる．7月になると街に上り旗がたち，子ども神輿の「エイサーホイサー」というかわいい掛け声と共に祭りが始まる．陽が翳ってくると，小さな手のひらにお小遣いを握り締めた子どもたちが小学校の運動場に設営された各番街の出店をまわる．カキ氷のお店を担当してくれる中高生のスタッフもいる．この街がふるさとになるためには，まだまだ数十年かかるかもしれない．あらたにできた高齢者の会では，子どもたちとの遊びの会を開くようになってきた．子どもたちに生きてきた証，文化を伝えたいと願う人々がこの街にはいる．

　「この子を残して死ねない」といっていた親たちも，わが子のために居場所をつくる活動をはじめた．人々のたまり場としての喫茶店をひらくグループ，鶏を飼い，花を育てる農場をつくるグループなど，障害を持つわが子の働く場，生活の場として全国各地にさまざまな事業が興っている．これを親たちが担っていくことは望ましいことではない．といっても，はじめの一歩は自分たちで切り拓くしかないと親たちは立ち上がった．誰もが"ふるさと"からおいやられることなく，"ふるさと"に居場所を持てるように．

　"ふるさと"は子どもを育てる．あふれるものと情報と映像の中で，おぼれかけている子どもたちに，"ふるさと"は語りかける．出会いの一つひとつに意味がある，みんなが子どもたちを見守っている．力いっぱい生きなさい，子どもらしく生きなさいと．

　2011年3月，まだ寒さ残る北の街に"ふるさと"を奪われたたくさんの子どもたちがいた．プロローグの詩を書いた福島の子どもたちは親になり，わが子懸命に守っていただろうか．あれから2年，この県内には，未だふるさとに帰れない子どもたちがたくさんいる．子どもたちからふるさとを奪った責任は，

私たちおとな世代にある．子どもたちにふるさとを返すために，今，これから私たちは，何をすべきか，私たちに課された課題はとてつもなく大きなものである．当時の子どもたちの思い・涙・叫びがつまった，『つなみ－被災地のこども80人の作文集（文藝春秋平成23年8月増刊号）』『福島の子どもたちからの手紙－ほうしゃのうっていつなくなるの－朝日新聞出版，2012年』などの子どもたちの言葉に耳を傾けたい．

　学文社社長・田中千津子氏から，このシリーズの企画と，この本の出版のチャンスをいただいたことを深く感謝します．出版を通して，書くこと，企画すること，編纂すること，すべてを学びました．本当にありがとうございます．

　そして，執筆者の方々にも感謝します．編者の注文も温かく受け入れ，協力してくださいました．

　同人誌『青い窓』事務局の橋本陽子さんは，子どもの心を映し出す，プロローグの詩の使用を，快く許可してくださいました．ありがとうございました．

　最後に，カットの子どもの絵を書いてくださった，故・山本豊江さんに感謝すると共に，冥福をお祈りします．子育てを終えてほっとしたのか，病に倒れ，旅立った母親を幾人も知っています．生き続ける私たちの使命は，社会の孫世代の子育ち・子育てを支援するために研究・教育することかもしれません．

編　者

児童家庭福祉年表

西暦	年号	国内外の出来事	社会福祉・社会保障関連	西暦	児童福祉関連	子どもの教育文化
1868	明治元	王政復古の大号令		1868		
1871	4	廃藩置県	行旅病人取扱方規則	1871		
1872	5	富岡製糸場操業・学制公布		1872	東京府養育院開設	学制頒布
1874	7		恤救規則	1874		
1886	19			1886		小学校令,中学校令,教科書検定制開始
1887	20			1887	石井十次,岡山孤児院開設	
1889	22	大日本帝国憲法発布		1889		
1890	23			1890		教育勅語を全国の学校に頒布
1891	24	足尾鉱毒事件		1891	石井亮一,滝乃川学園設立	ゼンマイ仕掛け玩具人気
1894	27	日清戦争(〜95)		1894	大日本紡績深川工場に託児所設置	高等学校令制定
1897	30		片山潜,キングスレー館設立	1897	日本学生YMCA設立	ビー玉遊び
1899	32	北海道旧土人保護法	行旅病人及び行旅死亡人取扱法	1899	東京孤児院(育成園)に孤児収容	ガラスのおはじき
1900	33		感化法	1900		未成年者喫煙禁止法制定
1901	34	八幡製鉄開業		1901		
1904	37	日露戦争(〜05)		1904		紙メンコ全国で流行
1908	41		中央慈善会設立	1908		
1910	43	大逆事件・韓国併合		1910		ベーゴマ流行
1911	44	工場法制定(16施行)	恩賜財団済生会設立	1911		
1914	大正3	第一次世界大戦(〜18)		1914		「少年倶楽部」創刊・宝塚少女歌劇団結成
1917	6	ロシア革命	軍事救護法	1917		
1918	7	米騒動	大阪方面委員制度	1918		
1919	8	ドイツ,ワイマール憲法制定		1919		
1920	9	国際連盟発足・第1回メーデー		1920		
1922	11	全国水平社創立・日本共産党結成	健康保険法(27年施行)	1922	少年法制定	おまけ付きグリコ発売
1923	12	関東大震災・朝鮮人虐殺		1923	盲学校及び聾啞学校令公布	
1925	14	治安維持法・普通選挙法・細井『女工哀史』		1925		
1929	昭和4	世界大恐慌	救護法(32年施行)	1929		
1931	6	満州事変勃発		1931		「のらくろ」人気
1933	8	ナチス政権成立・アメリカ,ニューディール政策		1933	少年教護法・児童虐待防止法制定	
1934	9			1934	母子愛育会設立	日本プロ野球発足
1935	10	アメリカ,社会保障法		1935		
1936	11	二・二六事件	方面委員令制定	1936		「怪人二十面相」人気

西暦	昭和			西暦		
1937	12	日中戦争(〜45),南京大虐殺	軍事扶助法・母子保護法・保健所法制定	1937		
1938	13	国家総動員法	厚生省設立・旧国民健康保険法・社会事業法	1938		
1940	15	日独伊三国軍事同盟成立・隣組制度実施	国民優生法・国民体力法	1940		
1941	16	太平洋戦争(〜45)	戦時災害保護法	1941		
1942	17	イギリス,ベヴァリッジ報告		1942		
1944	19		旧厚生年金保険法制定	1944		学童疎開始まる
1945	20	広島・長崎に原爆,ポツダム宣言,国際連合発足		1945		GHQ 教育の自由主義化指令
1946	21	世界保健機関(WHO)設立・日本国憲法発布	GHQ 社会救済に関する覚書・旧生活保護法	1946	浮浪児その他児童保護等の応急措置・近江学園	
1947	22	労働基準法	失業保険法・労働災害保険・保健所法制定	1947	児童福祉法制定・厚生省に児童局設置	教育基本法・学校教育法制定,第1次ベビーブーム
1948	23	国連「世界人権宣言」採択	民生委員法制定	1948	少年法・優生保護法制定	
1949	24	シャウプ勧告,国連「児童憲章」	GHQ「6項目提案」,身体障害者福祉法制定	1949		「青い山脈」上映・紙芝居最盛期
1950	25	朝鮮戦争(〜53),総評結成	新生活保護法・精神衛生法・「社会保障制度に関する勧告」	1950		
1951	26	対日講和条約・日米安保条約調印	社会福祉事業法制定	1951	児童憲章制定	NHK,ラジオ「第1回紅白歌合戦」放送
1952	27			1952	日本子どもを守る会・手をつなぐ親の会発足	中央教育審議会設置・日本PTA全国協議会結成
1953	28			1953	精神薄弱児対策基本要綱制定	NHKテレビ放送開始・街頭テレビ出現
1954	29	ビキニ事件	厚生年金保険法制定	1954		「二十四の瞳」上映
1955	30	全米ソーシャルワーカー協会・社会党統一・自由民主党結成(55年体制)・森永砒素ミルク事件		1955		『太陽の季節』出版・太陽族
1956	31	売春防止法		1956		第1回こどもの日・文部省
1957	32	水俣病表面化		1957		ラジオ「赤銅鈴之助」人気
1958	33		新国民健康保険法制定	1958	国立精神薄弱児施設(秩父学園)設立	フラフープ流行・テレビ「月光仮面」人気
1959	34	最低賃金法・国連「児童権利宣言」	国民年金法制定	1959		NHK教育テレビ開局
1960	35	安保闘争,三井三池闘争・「所得倍増計画」発表	精神薄弱者福祉法制定	1960		ダッコちゃん人形・インスタントラーメン発売
1961	36	農業基本法	国民皆保険・皆年金制度発足	1961	児童扶養手当法	トミー,プラレール発売・プラモデルブーム
1962	37	キューバ危機,サリドマイド事件	老人家庭奉仕員補助制度実施	1962		「人的能力政策の基本的方向」答申・少年犯罪増
1963	38	アメリカ,ケネディ大統領暗殺	老人福祉法制定	1963	東京で学童保育開始	「鉄腕アトム」・「こんにちは赤ちゃん」
1964	39	アメリカ,公民権法・東京オリンピック・新幹線		1964	母子福祉法・重度精神薄弱児扶養手当法	「ひょっこりひょうたん島」

年				年		
1965	40	米,ベトナム北爆・国連「人種差別撤廃条約」		1965	母子保健法制定	中教審「期待される人間像」・「教科書裁判」
1966	41	国連「国際人権規約」・中国,文化大革命		1966	特別児童扶養手当法(重度精神薄弱児扶養手当法改正)	「ウルトラマン」・「おはなはん」
1967	42	公害対策基本法		1967		学園紛争激化・リカちゃん人形発売
1968	43	国民総生産(GNP)資本主義国第2位		1968		グループサウンズ人気・「巨人の星」
1970	45	大阪万国博覧会開催	心身障害者対策基本法制定・堀木訴訟開始・「社会福祉施設整備5ヶ年計画」策定	1970		「ママと遊ぼうピンポンパン」
1971	46	国連「精神薄弱者の権利宣言」		1971	児童手当法	「マクドナルド」1号店・「カップヌードル」
1972	47	沖縄返還・日中国交正常化・浅間山荘事件	老人福祉法改正(70歳以上医療費無料化)	1972		「ベルサイユのばら」
1973	48	円変動相場制移行・第1次石油危機	「福祉元年」公害健康被害補償法制定	1973		「ひらけ！ポンキッキ」放映開始
1974	49		雇用保険法制定(失業保険法改正)	1974		「マジンガーZ」人気・オカルトブーム
1975	50	国連「障害者の権利宣言」・国際婦人年		1975		「およげたいやきくん」ヒット
1979	54	第2次石油危機・「女性差別撤廃条約」・国際児童年・「新経済7ヵ年計画」	政府「日本型福祉社会構想」発表・全社協「在宅福祉サービスの戦略」発表	1979	養護学校義務制の実施	大学入試共通一次試験実施・「ドラえもん」「機動戦士ガンダム」「3年B組金八先生」放映開始
1980	55	富士見産婦人科病院事件		1980		校内暴力激化・漫才ブーム
1981	56	国際障害者年・「第2次臨時行政調査会」設置	厚生省,123通知	1981	母子及び寡婦福祉法制定(母子福祉法改正)	「オレたちひょうきん族」放映開始
1982	57	イギリス,バークレー報告	老人保健法制定(83年施行)	1982		「笑っていいとも！」放映開始
1983	58	国連・障害者の10年開始(〜92)		1983		「おしん」人気「ファミコン」発売
1984	59			1984		臨時教育審議会(臨教審)発足
1985	60	プラザ合意・男女雇用機会均等法制定		1985		「いじめ問題」噴出・「おニャン子クラブ」人気
1986	61	機関委任事務整理合理化法	基礎年金制度導入	1986		「ドラゴンクエスト」発売
1987	62	国鉄分割・民営化,JRの発足	社会福祉士及び介護福祉士法制定(1988年施行)・精神保健法制定(精神衛生法改正)	1987		ローラースケート・ビックリマン・チョコブーム
1988	63	リクルート事件・バブル景気	障害者雇用促進法制定	1988		「となりのトトロ」
1989	平成元	東西冷戦終結宣言・国連「児童の権利条約」採択・消費税実施	「今後の社会福祉のあり方について」「ゴールドプラン」	1989		「ゲームボーイ」発売・「ちびまる子ちゃん」
1990	2	東西ドイツ統一・アメリカ,ADA法	福祉関連8法改正	1990		小学校「生活科」新設・「クレヨンしんちゃん」

児童家庭福祉年表

年		社会一般	社会福祉	年	児童家庭福祉	世相
1991	3	湾岸戦争・ソ連消滅・育児休業法制定		1991		トレンディードラマブーム
1992	4	ウルグアイ・ラウンド・エーデル改革(ス)	福祉人材確保法制定	1992	合計特殊出生率1.53ショック	公立学校5日制スタート
1993	5	行政手続法制定	障害者基本法制定・福祉用具法	1993		「Jリーグ」開幕・「セーラームーン」
1994	6	国際家族年・地域保健法(保健所法改正)	ハートビル法・「新ゴールドプラン」	1994	「エンゼルプラン」	ソニー「プレイステーション」発売
1995	7	阪神・淡路大震災,サリン事件,地方分権推進法	精神保健福祉法・高齢社会対策基本法・「障害者プラン」	1995	育児・介護休業法	野茂,大リーグデビュー
1996	8	HIV訴訟和解,岡光前厚生次官逮捕	らい予防法廃止・「高齢社会対策大綱」	1996	母体保護法制定(優生保護法の改正)	
1997	9	アイヌ文化振興法制定	介護保険法・精神保健福祉士法制定	1997	児童福祉法改正(保育園が措置制度から契約へ)	たまごっち流行
1998	10	NPO法・被災者生活再建支援法	知的障害者福祉法・「社会福祉基礎構造改革」	1998		
1999	11	国際高齢者年・地方分権一括法・情報公開法制定	成年後見制度制定(民法など4法改正)	1999	「新エンゼルプラン」	「だんご3兄弟」ヒット
2000	12	少年法改正(刑事罰適用年齢を14歳に引下げ)	社会福祉法・交通バリアフリー法・「ゴールドプラン21」	2000	児童虐待防止法制定	モーニング娘人気・「バトルロワイヤル」上映
2001	13	国際ボランティア年	ハンセン病補償金支給法制定・厚生労働省発足	2001		「ハリーポッターと賢者の石」上映
2002	14		身体障害者補助犬法制定	2002		カードゲーム人気
2003	15	イラク戦争・性同一性障害特例法制定(04年施行)	新障害者プラン策定	2003	少子化社会対策基本法・次世代育成支援対策推進法	
2004	16		発達障害者支援法	2004	「子ども・子育て応援プラン」	「世界で一つだけの花」ヒット
2005	17	愛・地球博覧会 スマトラ島沖大地震	障害者自立支援法(18年施行),高齢者虐待防止法(18年施行)	2005	出生数は106万人,合計特殊出生率は1.26	食育基本法成立
2006	18		「バリアフリー新法」成立・施行	2006	「新しい少子化対策について」「認定こども園」法	いじめによる生徒の自殺が相次ぐ 教育基本法の改正
2007	19	能登,中越沖地震	「コムスン事件」「消えた年金」問題が社会問題になる	2007	熊本市に「赤ちゃんポスト」が設置される	嵐ブーム始まる
2008	20	世界金融不安・四川省で大地震	後期高齢者医療制度実施	2008	「新待機児童ゼロ作戦」	
2009	21	鳩山内閣(民主党政権)発足	ハンセン病問題基本法	2009	「ゼロから考える少子化対策プロジェクトチーム」(内閣府)	文部科学省,携帯電話の使用制限 AKB48ブーム始まる 改正臓器移植法成立(臓器移植年齢制限撤廃)
2011	22	東日本大震災・福島原発事故	障害者虐待防止法成立 障害者総合支援法成立	2011	子ども・子育てビジョンが閣議決定	
2012	24			2012	子ども・子育て支援法成立	

(亀田　尚)

〈参考文献〉
川池智子・田畑洋一・中里操編『現代社会福祉概論』学文社，2001年
一番ヶ瀬康子・高嶋進編『講座社会福祉第2巻　社会福祉の歴史』有斐閣，1981年
村瀬学『子どもの笑いは変わったのか』岩波書店，1996年
三家英治『年表でみる日本経済　こどもの世界』晃洋書房，1996年
中野光『戦後の子ども史』金子書房，1988年
川池智子編著『新 社会福祉論』学文社，2012年

••• 索　引 •••

あ　行

アスペルガー症候群　149
育児・介護休業法　54
石井十次　14
石井亮一　14
いじめ　75, 76
1.57 ショック　44
医療費の助成　54
エコマップ　197
エンゼルプラン　50
岡山孤児院　14

か　行

学習障害（LD）　149
学童保育　78, 93, 157
家族　6, 7
学級崩壊　76
家庭　6, 7
家庭裁判所　128, 129
家庭児童相談室　33
感化院　132
感化法　15, 132, 133
菊池俊諦　13
棄児養育米給与方　14
季節保育所　18
虐待　107, 120, 121
救護法　16
矯正院法　133
虞犯少年　128
グループホーム　104, 107, 111
グループワーク　195
ケースワーク　195
検察官送致　131
高機能自閉症　149
合計特殊出生率　44
厚生労働省雇用均等・児童家庭局　29
公的保育制度　59
校内暴力　75, 76
国際障害分類　162
国際人権規約　22
国際生活機能分類　162

国際ソーシャルワーカー連盟　192
子返し　5
孤女学院　14
子育ち・子育て困難　46
子育て支援事業　55
子ども観　5
子ども・子育て応援プラン　51
子ども・子育て支援新制度　62
子ども・子育て支援法　29, 62
子ども・子育てビジョン　52
子どもの権利条約　22, 23, 151
子どもの権利宣言　21

さ　行

里親　105, 106, 112
三子出産ノ貧困者ヘ養育料給与方　14
ジェノグラム　193
ジェンダーバイアス　8, 49, 174
次世代育成支援対策推進法　51
慈善事業　15
児童委員　33
児童家庭問題　46
児童館　78
児童虐待　98, 101
児童虐待防止法　16, 98, 109, 110
児童居宅生活支援事業　157
児童憲章　19
児童指導員　103
児童自立支援施設　103, 104, 138, 140
児童相談所　31, 32, 199, 200, 202
児童手当　54
児童手当法　27, 28
児童買春・児童ポルノ法　28
児童福祉司　34
児童福祉施設　34
児童福祉施設最低基準　26
児童福祉施設最低基準等の一部を改正する省令　203
児童福祉施設の設備及び運営に関する基準　26, 111
児童福祉審議会　31
児童福祉の機能　11

児童福祉の主体　10
児童福祉の対象　9
児童福祉法　19，25，55，134
児童扶養手当　54，179，183
児童扶養手当法　27
児童養護施設　102，104
自閉症　149
自閉症スペクトラム　149
社会的養護のあり方に関する専門委員会　106
「社会的養護の課題と将来像」　112
社会保障審議会　31
重症心身障害児　148
恤救規則　14
出生前診断　160
主任児童委員　33
ジュネーブ宣言　20，21
障害者自立支援法　154
障害児福祉手当　155
障害児保育事業　156
小規模住居型児童養育事業　106
少子化社会対策基本法　29，46，51
少子化社会対策大綱　51
少子化対策プラスワン　51
〈少子化〉論争　46
少子社会白書　63
小児慢性特定疾患治療研究事業　155
少年院　130
少年院法　130
少年鑑別所　129
少年教護院　134
少年教護法　17，134
少年法　133
触法少年　118，127，128，135，137
自立援助ホーム　123
自立支援医療　155
新エンゼルプラン　51
人口政策確立要綱　18，46
親族里親　106
身体障害児　148
身体障害者手帳　154
スクールカウンセラー　76，82
スクールソーシャルワーカー　84，90
生活保護制度　180
青少年自立支援センター　122
世界人権宣言　21

全国児童愛護実施要綱　18
戦災孤児・浮浪児　19
戦時厚生事業　18
戦時託児所　18，57
先天性代謝異常　153
専門里親　105
ソーシャル・グループワーク　196
ソーシャル・ケースワーク　196
ソーシャルワーカー　193
ソーシャルワーカー倫理綱領　194
ソーシャルワーク　82-85，192，193

◖ た　行 ◗

待機児童ゼロ作戦　56，64
高瀬真卿　15
WHO（世界保健機関）　149，162
短期入所生活援助事業（ショートステイ）　181
地域小規模児童養護施設　104，107
知的障害　148
注意欠陥多動性障害（ADHD）　149，158
DV防止法　28
特別支援教育　158
特別児童扶養手当　54，150，155
特別児童扶養手当等の支給に関する法律　28
留岡幸助　132

◖ な　行 ◗

生江孝之　14
新潟静修学校附設託児所　56
日常生活用具　157
乳児院　102，203
認可外保育事業　60
認可外保育施設　60
認定こども園　59
認定こども園法　29，59
農繁期託児所　57

◖ は　行 ◗

バイステックの7原則　196
発達障害者支援法　29，158
博愛社　14
犯罪少年　128
非行　121
ファミリーケースワーカー（家庭支援専門

索引　219

相談員）　203
ファミリーサポートセンター　61
ファミリーソーシャルワーク　203
ファミリーホーム　106
福祉事務所　33
二葉幼稚園　56
不登校　75, 76
フリースクール（フリースペース）　78, 80, 85
へき地保育所　61
ベビーホテル　57, 61
保育士　60
保育需要の多様化　47
保育所の第三者評価　60
放課後児童クラブ（学童保育等）　181
放課後児童健全育成事業　93, 157
ボウルビィ，J.　121
保健所　33
保護観察　130
保護処分　130
母子及び寡婦福祉法　26, 172
母子家庭の母及び父子家庭の父の就業の支援に関する特別措置法　181
母子健康手帳　153
母子自立支援員　177
母子生活支援施設　178, 183
母子通園　155
母子福祉資金貸付　179

母子福祉法　172
母子保健ビジョン「健やか親子21」　55
母子保健法　27, 55
母子保護法　17, 171
母性神話　170
母性保護　54
補装具　157

（ま行）

マス・スクリーニング検査　160
マルトリートメント　10, 46
未熟児養育医療　154

（や行）

夜間保育　57
夜間養護事業（トワイライトステイ）　181
有子離婚　174
優生保護法　45
養育里親　105
養子縁組　106
要保護児童対策地域協議会　111
予備感化院　15

（ら行）

リプロダクティブ・ヘルス／ライツ　161, 165
療育手帳　154

社会福祉の新潮流②	2005年4月10日　第一版第一刷発行
第四版　児童家庭福祉論	2010年9月10日　第二版第二刷発行
	2013年4月10日　第三版第一刷発行
	2016年1月30日　第四版第一刷発行

編著者　川　池　智　子

発行所　㈱　学　文　社

発行者　田　中　千　津　子

東京都目黒区下目黒3-6-1　〒153-0064
電話03(3715)1501　振替00130-9-98842
http://www.gakubunsha.com

ⒸKAWAIKE Tomoko
Printed in Japan 2013

落丁・乱丁本は，本社にてお取替えいたします。
定価は売上カード，カバーに表示してあります。
印刷／亨有堂印刷所
ISBN978-4-7620-2606-5　　検印省略